JIAOSHI KEFU ZHIYEJUANDAI DE LIUTAN BIXIUKE

教师克服职业倦怠的六堂必修课

韩 玲 著

天津出版传媒集团

天津教育出版社

图书在版编目(CIP)数据

教师克服职业倦怠的六堂必修课 / 韩玲著 .——天津：天津教育出版社，2012.11（2018年1月重印）

ISBN 978-7-5309-6915-1

Ⅰ.①班… Ⅱ.①韩… Ⅲ.① 中小学–教师心理学 Ⅳ.① G443

中国版本图书馆 CIP 数据核字(2012)第243588

教师克服职业倦怠的六堂必修课

JIAOSHI KEFU ZHIYE JUANDAI DE LIUTANG BIXIUKE

出版人	刘志刚
作 者	韩 玲
责任编辑	张 洁
装帧设计	北京桃李不言图书有限公司
出版发行	天津出版传媒集团 天津教育出版社 天津市和平区西康路35号 邮政编码300051 http：//www.tjeph.com 电话(022) 23378389
经 销	全国新华书店
印 刷	北京永顺兴望印刷厂
版 次	2016年9月第2版
印 次	2018年1月第4次印刷
规 格	16开(710毫米 ×1000毫米)
字 数	180千字
印 张	13
定 价	26.00元

如发现此书有印、装质量问题、请与印刷单位联系调换。
联系电话：022-59219088

前　言

“倦怠”一词是美国神经科医生弗登伯格于1974年提出的，用于描述职业主体不能应对工作挫折和有效缓解工作压力时所处的一种身心耗竭的状态。

教师的职业倦怠，源于长期持续疲劳、压力大以及缺乏成就感和自我效能感。这是一种消极的心态，会导致工作不开心、感到生活没意思、认为自己的工作得不到认可，充满压力感、疲惫感、挫败感、厌倦感……

北京大学教授钱理群在《做教师真难，真好》一书中这样写道：老师们竟然面对着如此繁多、如此复杂的问题：从学校到社会，从学生到自身，从教育体制到具体教学，可以说，与中国社会转型相应的教育转型所遇到的所有问题、所有矛盾，都集中到了第一线的普通教师身上，而他们直接面对的是教育的对象——处在人生发展的起点的学生，而所有的教育上的矛盾、问题，所产生的后果，都会在学生这里得到直接的反应，而且是这些第一线的老师所无法回避的。于是，他们要承受教育的一切压力，要为各级教育官员、各种教育专家的合理的、不合理的，可行的、不可行的，名目繁多，而且常常是朝令夕改的观念、举措，承担一切后果。在当今中国的教育环境下，做一个有责任感的教师真的是很难、很难啊。

试想：如果一位教师将去学校上班视若畏途，对与同学交流心存恐惧，其效率可想而知。因此，如何有效地克服教师的职业倦怠就成了学校管理中迫切需要解决的重要问题。

当然，克服教师职业倦怠需要多方面的努力，但最主要的还是要通过教师自身来解决。

基于这样的思考，为满足全国各地基层学校和广大一线教师的需要，我们建构了本书的内容。

第一课：树立正确的教育观，学会悦纳学生；第二课：树立积极的人生观，学会悦纳生活；第三课：树立崇高的职业观，学会悦纳工作；第四课：提高自身素养，学会自我调节；第五课：守望教育殿堂，净化心灵园地；第六课：感悟教育使命，品味教育人生。

真心希望《教师克服职业倦怠的六堂必修课》一书，能够让我们的老师：转变观念，提升生命价值，砥砺一种进取的心灵；感受幸福，取得身心愉悦，砥砺一种平静的心灵；心存高远，缔造教育情结，砥砺一种豁达的心灵；享受生活，提高生活质量，砥砺一种年轻的心灵；创造成功，提升专业发展，砥砺一种酷爱事业的心灵。

在本书编写的过程中，为了说明问题，引用了一些专家的研究成果和一些教师的相关资料与信息，在此对所有材料的原作者表示衷心的感谢！

由于时间仓促，再加上本人水平有限，不妥之处，敬请大家批评指正。

你们的朋友　韩玲

2012年于北京

目 录

第一课

树立正确的教育观，学会悦纳学生

1. “懒”老师教出“勤”学生

卢梭是法国著名启蒙思想家，也是法国呼吁教育改革的先导之一。他曾经说过这样的话：年轻的老师，如果你们要想让教育取得成效，那就要寓“积极教育”于“消极教育”之中。我要告诉你们的是：不要总是按照成规来教育你们的学生，要放任学生的“无为”才能成就他们的“有为”。

卢梭所倡导的“无为教育”，实质上就是以一种“无为”的形式，最后达到“有为”的教育效果。

杨振宁在西南联大读研究生时，他的导师是王竹溪先生。一天，王先生要他写一篇论文《固体中有序与无序的问题》，并要他参看一本书。杨振宁看不懂这本书，便去向王先生请教。王先生一个字也不讲，却又要他看第二本书。

杨振宁第二本也看不懂，又去向王先生请教。王先生还是不讲，又推荐第三本书给他看，并要求他看完第三本书后，再回过头来看第二本和第一本，并说出对第一本书的见解。杨振宁反复读了第三本书后，再读第二本和第一本，果然写出了优秀的论文。

“懒”老师教出“勤”学生，这对我们是一个很好的启示。

大量调研结果表明：很多时候，导致学生逆反的原因就是我们老师管得过多造成的。老师们都是本着为学生好，事事都过问，认为自己有权管他。掰开，揉碎，深挖细掘，讲深讲透想让学生明白。殊不知每个学生都是独立个体，他们有自己的主权意识，更是希望掌握对自己的治权。老师不管大事小事什么都管，以为这样才是爱学生，但学生却不买账，所以，师生之间的冲突就此形成了。为此，我们必须要更新教育观念。

卢梭说过：“多给孩子们以真正的自由，少让他们养成驾驭他人的思想，让他们自己多动手，少让别人替他们做事。”

在这方面，魏书生老师的很多方法值得我们借鉴。

有一次，魏书生老师到台湾去讲观摩课，事先没来得及做任何准备。走进教室，他对学生们说：“大家知道我是哪里来的吗？”

学生们说：“不知道。”

他说：“我是从祖国内地来的。咱们内地的教材啊，和你们这儿的教材不太一样，但是也有完全一样的地方，大伙儿能不能猜着？”同学们猜来猜去，谁也没猜着。

他解释说：“《元曲二首》这篇文章，在两地的语文课本中就一模一样。咱们这堂课就讲《元首二曲》，怎么样？”

学生们齐声回答：“好！”

他问：“以前学一篇古文或古诗词都要学哪些内容啊？”

学生举手说：“要学习生字、作者介绍、背景介绍，再熟读背诵，个别解释。”

他要求学生把要学习的内容一项一项地写在黑板上，然后跟同学们商量：“生字，老师还用讲吗？这两个生字没有太多可讲的呀，大家看一看，只给大家50秒时间，一定都能记住。预备，开始！”没到50秒，就有同学举手了。

他说：“停！”然后请两位同学上来写，结果都写对了。

同样，生词解释，也是学生在很短的时间内自己就掌握了。

到该翻译课文的时候，有的学生说：“老师，现在您得讲啦。”

他说：“我看同学们还是可以自己学。我这个人有一个特点，就一个字，谁能猜得着？”

有个男同学站起来说：“老师，我知道，‘懒’！”

他笑了，说：“你怎么知道我懒？”

男同学说：“我请你给我讲，你不给我讲，还说自己有一个字的特点，这不就是懒吗？”

他说：“你们想一想，自己可以做的事，为什么要靠老师教啊？大家可以先讨论如何翻译，不会了，可以查资料，查注解；实在不会的时候再举手，由我来解答。”

结果问题基本都解决了，只剩下两三个难点，魏老师一指点学生就都明白了。

下课后，一些老师、家长和同学讲评这节课，都给予了很高的评价。一个家长兴奋地说：“魏老师啊，我儿子以前上课经常‘溜号’。可上你这堂课，我发现他一分钟也没来得及‘溜号’，高高兴兴地在那儿学。他还敢说你‘懒’，说你懒的那个就是我儿子。”

魏老师真诚又谦虚地说：“大家还是多提点意见和建议吧，比如说，是不是有点太懒了？”

几位老师和家长说：“这样的‘懒’是好事，因为这样的‘懒’老师可以教出‘勤’学生。”

老师少讲，让学生们多讲、多想、多做、多问，学生是很聪明的，他们完全可以自己领悟，老师要做的就是激发学生的主动性，锻炼学生的自学能力和表达能力，这才是最重要的。

我们有些老师唯恐学生不懂，课堂上不厌其烦地讲；总是担心学生这不行那不会，不敢放手让学生做。一个处处包办代替，面面俱到的“勤”老师不一定是个好老师，老师的过分“勤劳”换来的是学生的过分依赖，培养出的只能是不善思考、不具个性、不思创新、因循守旧、听任别人指挥的老实学生。这样做一个老师，你会发现自己很累，学生也很累，成绩却不理想。

既然这种“勤奋”换来的是劳累和疲倦，那么我们不妨学着做一个“懒”老师。只要我们能教出“勤”学生，何不尝试一下做一个“懒”老师呢？

2. 给学生一个自由发展的空间

意大利著名教育家玛丽亚·蒙台梭利提出，孩子只有在自由的条件下才能产生“自我创造”，自我教育才可能成功。只有孩子自己主动地去接受教育，当他自己决定他学习的方向和速度时，才能够学得最好。

纵观蒙台梭利的教育思想，可以看出“让生命自由发展”这一教育理念是蒙台梭利对儿童教育的深刻认识。她主张的自由教育，其本质是让孩子享受教育的自由。其精髓在于培养孩子自觉主动的学习和探索精神。让孩子在自由操作中得到多方面的能力训练。

哈佛大学350年校庆时，有人问校长，学校最值得自豪的是什么？校长的回答是，哈佛大学最引以自豪的不是培养了6位总统、36位诺贝尔奖金获得者，最重要的是给予每个学生以充分的选择机会和发展空间，让每一粒金子都闪闪发光。

每一个学生都有与众不同的兴趣、特长，尊重了解学生的特长，就意味着为学生提供了自由广阔的发展空间，也就意味着学生的精神生命能够自由呼吸。

我在《现代教育报》上读到江苏省张家港外国语学校校长助理王开东老师的一篇文章，题目是《教育必须在自由中产生》。我很受启发，在此愿与大家一起分享。

“金字塔的建造者绝不会是奴隶。”——1560年，瑞士钟表匠布克在游览金字塔时做出这一石破天惊的推断。很长的时间内，这个推论被当做一个笑料。

然而，400年之后，即2003年，埃及最高文物委员会宣布：通过对吉萨附近600处墓葬的发掘考证，金字塔是由当地具有自由身份的农民和手工业者建造的，而非希罗多德在《历史》中所记载——由30万奴隶所建造。

历史在这里发生了一个拐点，那么那个叫布克的小小钟表匠何以一眼就能洞穿金字塔是由自由人建造的?

布克原是法国的一名天主教信徒，1536年，因反对罗马教廷的刻板教规，锒铛入狱。由于他是一位钟表制作大师，囚禁期间，被狱警安排制作钟表。在那个失去自由的地方，布克发现无论狱方采取什么高压手段，自己都不能制作出日误差低于十分之一秒的钟表；而在入狱之前，在自家的作坊里布克能轻松制造出误差低于百分之一秒的钟表。为什么会出现这种情况呢？布克苦苦思索。

在布克的资料中有这么两段话："一个钟表匠在不满和愤懑中，要想圆满地完成制作钟表的1200道工序，是不可能的；在对抗和憎恨中，要精确地磨锉出一块钟表所需要的254个零件，更是比登天还难。"

正因为如此，布克才能大胆推断："金字塔这么浩大的工程，被建造得那么精细，建造者必定是一批怀有虔诚之心的自由人。难以想象，一群有懈怠行为和对抗思想的奴隶，绝不可能让金字塔的巨石之间连一片小小的刀片都插不进去。"

电光石火，石破天惊，我想到了我们的教育。当前我们的教育形态，恰恰就是以束缚、控制、压制、监管为特征，以大负荷、高速度和快节奏为根本，以每节课都是最后一课，每次测验都是最后一考相要挟。我们把水灵灵的教育业，弄成了干巴巴的制造业。我们只有统一模型的产品，没有千姿百态的学生。

教育，绝不可能在恐惧中产生。

恐惧会让学生失去生命的安全感，在这种倾斜之下，学生的心灵只有小心翼翼的自我保全，没有活泼的主动发展。这样制造出来的学生，他们的心灵，既不会完整，更不会幸福。最要命的是，久而久之，一种平和的、充满好奇心的教育禀赋逐渐沦丧了。世界一片黑暗。

金字塔必须由自由人建造，教育，也必须在自由中产生。唯有自由的人，才有感悟的闲暇、创造的快乐。我们独立赋予自己学习的意义，选择我们自以为有价值的生命质感。这个时候，我们的灵感在飞扬，思维在穿越，微笑和友谊都在潜滋暗长。

伟大的教育家蒙台梭利则从人格培养的角度分析了强迫教育的危害。她说："一个儿童，如果没有学会独自一个人行动，自主地控制他的行为，自主地管理他的意志，到了成人以后，他不但容易受到别人指挥，并且遇事非依赖别人不可。一个学校里的儿童，如果不断地受老师干涉、禁止、呵斥以及诟骂，结果会变成一种性格上很复杂的可怜虫。"而一个可怜虫注定是教育的残次品。

教育要发展学生的个性，就要使学生得到充分的解放，让学生从分数、升学的牢笼中解放出来，让学生从条条框框的禁律中解放出来，还学生以自由的空间，让他们的心灵得以自由放飞。

周五的时候，老师的女儿告诉我，老师病了。而老师知道女儿告诉我之后，还责怪女儿，因为他总是觉得我忙得不行，不愿意添乱……

那一刻，我正在班里，等着来上第一节课的老师。站在教室的门口要出去的时候，我心里忽然闻到了丁香花的味道，很浓郁，很清香。也就在那时，沉在心底好久好久似乎被遗忘的丁香花，忽地绽开了，一朵朵地映现在我的眼前！

当了好久的教师，心心念念都在学生身上，就像一个母亲，总是想着自己的孩子，忘记了自己也还是一个女儿，那个角色已经淡淡地褪去了色彩。是的，只有我的老师浮现在我的眼前，那做学生时的一切，才恍然回来——自己回来了，那个孩子，那个在老师的面前还是孩子的孩子，也回来了……

仿佛看见，在一楼楼道拐过弯过去的那间办公室，老师桌上的灯总是亮着的，砚台、笔、书、烟灰缸、大茶缸子里是浓浓密密的大茶叶子……总是微笑着的老师，驼着背，烟雾缭绕中，一篇篇古文，一页页元书纸的临摹，一个个夜晚成就了一个个学生最初的底子，那颗饥渴于知识和智慧的心，似乎得些慰藉，得些指引……

那是人生求知欲最强的日子。

我从未想过要当教师，因为最初是想当作家的。来到师范学校之后，最大的欣慰就是这里有一个尘封了许久的图书馆：别林斯基、莱蒙托夫、普希金、陀思妥耶夫斯基、车尔尼雪夫斯基、托尔斯泰、雪莱、歌德、莎士比亚、福楼拜、黑格尔……一个17岁的孩子，完全沉浸在这样的世界中，梦里都是莎士比亚的文字，糊里糊涂中，所有的课堂都成为一种幻境。

只有来到师范学校这个校园中，我才意识到自己原来是有个性的。一个曾经最乖的学生，从小一直当着“官”，总是管人，经常还要起模范作用的学生，待到来到师范学校后，“官”是说什么也不当了，只想要个自在……那会儿的孩子，哪里懂得什么叫做“自在”，唯有散漫罢了、任性罢了，至于成绩，至于听课，至于老师的要求，都不太放在心上，唯有一件事情是绝不耽误的，就是读书，读书，还是读书，只不过，是读自己想读的书。

我的老师很了不起，他居然没有将我与我的表现视为另类，即便是我闯了很大的祸，他也还是用他的包容、信任、期望、担保使学生没有断送师范的学业，最终还成为了在一线工作颇为用心的教师、一个令他感到欣慰的学生……

——摘自《现代教育报》 作者：北京市史家胡同小学 万平

教育就是与学生共度生命的历程。对我们来说，教育有时需要等待，需要我们耐心地等待。在我们静候花开的时候，不但要给他们阳光与雨露，也要给他们以足够的空间。

要为学生创造自由发展的空间，我们这些当老师的就要针对学生的个性特点，营造民主、宽松、和谐的教育环境。为学生的个性发展创造空间，就要摒弃师道尊严的陈旧观念，以民主的方法进行管理。

因此，在实际工作中，不要把学生看得过死、管得过宽，要给他们充分展示个性和发展才能的自由和空间，使他们能根据自己的兴趣和能力去学习和生活，并能够在教师的正确引导下，选我所爱，学有所长，学有所用。请相信，当我们给学生一个自由发展的空间，他们也会还给我们一个惊喜。

由此，我想起了我在《读者文摘》上看到河北省特级教师张丽钧的一篇文章，题目是《给予泳池还是给予大海》。

教物理的韩老师去世了，在参加葬礼的学生里面，有一个物理学博士。韩老师并不是博士的班主任，博士的班主任——一位数学老师恰好也在送葬的人群当中。班主任握着博士的手说："你能取得今天这样的成绩，离不开韩老师当年对你的教诲。你真的应该感谢他呀！"博士说："今天，韩老师去了，有一个本属于我和他的秘密也可以跟您说了。您知道，上初中的时候我就特别喜欢数学和物理；上了高中以后，我有幸遇到了知识特别渊博的您和性格特别开明的韩老师。到了高二，我利用课余时间提前半学期学完了高二数学和物理的全部课程。我向您提出后半学期数学可不可以免修。您听后跟我急了，说不能眼睁睁看着我自毁前程。不久，我就又把同样的请求跟韩老师说了。没想到韩老师居然答应了我的请求，还答应和我一起瞒着您。从那以后，每逢上物理课，我就躲到韩老师的宿舍里去自学。——老师，我感谢韩老师给了我自由驰骋的空间，也感谢您在课堂上给我打下了坚实的数学底子。"

班主任听得呆了。多少年来，她一直以为，唯有在课堂上认真听她讲解的学生才能取得好成绩，才能有个好前程。想想看，她学历高，经验足，责任心又特别强，每一节课她都不遗余力地掏空了自己——她是在以自己的生命滋养着学生的生命啊！但是今天，她眼前的这个物理学博士却用自己的成长故事使她不得不认可这样一个道理——给孩子提供一个泳池，他充其量也就是成为一个游泳高手；而让孩子走向大海，孩子却可以获得搏击风浪的本领，可以生出沧海横渡的雄心！“开明”有时候比“渊博”更重要，最善教的老师最懂得在什么时候不教。

学生的头脑不是可以被填满的容器，而是一枝被点燃的火把。我们应该给学生一些权利，让他们自己去选择；给学生一个条件，让他们自己去锻炼；给学生一个问题，让他们自己找答案；给学生一点困难，让他们自己去解决；给学生一片空间，让他们自己向前走。

这样既能调动学生的主观能动性，又能锻炼和提高他们的组织、协调和管理能力。从而激发一种自我完善的欲望，由“他律”逐渐变为“自律”。这样，不仅锻炼了学生，也让我们从繁重的事务中得以解脱。

也可以这样说，在我们给学生们自由发展空间的同时，也给了我们自己一个空间，在这个空间里，我们学会了等待，学会了欣赏。在这个空间里，我们得以静下心来审视我们的教育；在这个空间里，我们品味着教育带来的甘甜，放飞着教育的理想。

3. 只有差异，没有差生

由于遗传因素、成长环境、家庭条件和生活经历有所不同，所以，每个学生在兴趣、爱好、动机、需要、气质、性格、智能等方面会有所侧重，这意味着学生们之间存在着一定的差异。

20世纪80年代，美国哈佛大学教授加德纳把人的智能分为语言、数学逻辑、视觉空间、身体运动、人际交往、自我反省、自然观察等多种结构。美国教育家阿姆斯特朗依据加德纳的多元智能结构理论，对各种智能类型的思考方式、学习需要和学习优势进行分析，得出这样的结论：每一个学生都可以根据自己的独特个性选择最优的学习方式，每位老师都可以据此选择最优的教学方式。

2002年8月16日，在北京召开的“促进全民教育，提高学生素质”国际研讨会上，海内外教育专家一致认为，每个孩子都是一个潜在的天才，只是表现方式不同。不是这个学生比那个学生聪明，而是这个学生的某一智能比那个学生好一些。只要正视学生的差异，认识并把握每个学生的智能个性特点，给不同差异的学生广阔的发展空间，供其自由选择。满足每一个学生的学习需求发展需求，每一个学生的潜能都能得到开发，每一个学生都能获得成功。

——摘自《新课程理念与教学策略》王义堂 田保军 王硕旺 编著

每一个人的智能构型都是独特的，很难以谁高谁低进行排队比较。所谓“差”只是反映在某方面不是他的强项或他在某一方面潜能还有待发掘。

丹麦一位警察在大街上巡逻时，发现一辆自行车飞驰而过，他下意识地打开测速仪，不禁愣住了：天哪，这人骑自行车的速度和汽车一样快！于是他拦住车手——一个十五六岁的学生，告诉他违规了。学生说他叫斯卡斯代尔，并说出了学校、住址以及超速的原因——赶着去考试。警察笑了笑说：“你先去考试吧。”不久，学校收到一封信，是哥本哈根最著名的自行车俱乐部写来的。信中说：“欢迎贵校学生斯卡斯代尔加入本俱乐部，我们愿为其提供一切训练条件。”信中还夹着一张警察测定的速度卡。四年以后，斯卡斯代尔获得丹麦自行车赛冠军，后来又获得奥运会冠军。

对于一名严重违反交通规则的学生，警察完全可以对他罚款，通知家长及学校，或采取其他更严厉的措施。但这位警察通过询问得知他超速的原因后，却选择了放行。可以肯定地说，在继续行驶的路上，这个孩子绝对不会再超速了。这位警察还敏锐地从超速中发现了这个孩子的特长，把他推荐给自行车俱乐部，从而使丹麦多了一位奥运会冠军。

这则故事使我联想到，我们在面对犯错的孩子时，经常会用“单一的眼光”去对待：或严厉警告，让学生不敢越雷池一步；或愤怒呵斥，让学生敢怒不敢言，口服心不服；或鄙夷讽刺，让学生无地自容，自信心尽失……这些简单草率、主观臆断的处理方式，常常给学生留下难以治愈的后遗症，给学生金色的少年时代抹上一层凝重的黑色。

我们能否也像那位警察一样，换一种眼光看待孩子的错误呢？例如，发现学生在课上偷看小说，不是去没收他的书，而是在批评的同时指导他如何进行课外阅读，说不定他会从此爱上文学，走上创作的道路！

作为教师，我们每天都要面对孩子这样那样的错误，这就要求我们跳出思维定式，对自己的学生重新“定义”。不可否认，有些学生学习成绩的确很差，但并不表示他在其他方面也一无所长。学生到学校里来，当然是要学习文化知识，但比文化知识更重要的是生活和成长。教师应该做的是发掘学生的特长，让每一个学生都成为最好的自己。我们应转换看待学生的视角，以一种积极、多元的视角去认识学生。说不定，换一种眼光，就会改变孩子的一生！

——摘自《班主任》杂志2010年第7期 《转换视角看孩子》

作者：山东省邹平县西董镇鹤伴中学 杨怀志

作为一名教育工作者，在实际的工作中，我们要尊重学生的个体差异，针对每个学生不同的个性特点寻找其有利的因素，最大限度地挖掘学生的智力潜能。

电视连续剧《九班的故事》是根据马铭同志的长篇小说《四十八颗星座——九班的故事》改编的。剧里讲述的是班主任宋祖慧与九班学生之间发生的故事，对我们来说，是一个很好的启示。

初一·九班因考试成绩全年级倒数第一，被教导主任称之为“杂牌军”，外班学生都不愿意与他们班的学生交往，甚至不少老师和家长也对九班的学生有偏见。宋祖慧老师接手这样一个班以后，能够尊重学生的差异。在实际工作中，能够根据每个学生的不同特点及具体情况，进行因材施教。尤其是处理学生问题的时候，能够做到教育教学的方式和方法灵活多样，所以，取得了非常好的教育效果。

在影片中，我们看到，因为不能忍受七班学生对九班的“侮辱”，李胜利同学一脚踢坏了七班教室的门，教导主任要处分他。而宋老师认为，这件事情应该与故意损坏公物有区别。在处理这个问题上，宋老师通过班会发动全班同学一分为二地分析此事。通过班会，李胜利同学认识到了自己的错误，并当着全班同学的面做了深刻的检查。通过家访，宋老师发现李胜利同学爱好足球，并且脚的爆发力还特别强，于是，宋老师就把李胜利同学当成自己的儿子托人送进了业余足球队，充分发挥了他的特长。正是由于宋老师在教育教学过程中，能够尊重学生的差异性，把学习成绩不足与其他方面的表现区别开来，细心呵护积极向上的因素，从而让全班同学正确全面地看待自我，给了每一个学生充分展示自己的机会。

在影片中，我们看到，经过宋老师和全班同学的不懈努力，九班在拔河比赛中取得了胜利；在文艺会演中赢得了喝彩……这一系列的变化推动了整个班级的全面发展。最后，九班不但取得了学习成绩的大幅提高，还取得了许多其他方面意想不到的巨大进步和成就。

差异无论什么时候都有，过去有，现在有，将来还有。所以，我们应该因材施教，因势利导。

4. 每朵花都有开放的理由

常常有一些老师找到我，很苦恼地对我说，韩老师，我们班上有这样一个学生，那题我都给他讲了八遍，他还是不会。为什么同样在一个教室里听讲，别人都会了，而唯独他不会啊？对于这样的学生，你有什么好的办法吗？

面对老师的提问，我常常借用一位美国学者的研究成果和他们进行交流。

美国学者认为，关于人的学习类型可以分为四种：第一种是视觉学习优势者，第二种是听觉学习优势者，第三种是动觉学习优势者，第四种是触觉学习优势者。

举例说明，我们老师在讲完一道题，通常都会问学生："同学们，懂了吗？"面对学生们的回答，我们老师还会追问："告诉老师，你是怎么懂的？"面对老师的提问，有的学生会说："老师，您一讲我就懂了。"老师一讲，他一听就懂了，说明这个学生在听觉方面有优势，他就属于听觉学习优势者；面对老师的提问，有的学生会说："老师，您往黑板一写我就懂了。"老师一写，他一看就懂了，说明这个学生在视觉方面有优势，他就属于视觉学习优势者。

如果我们所教的学生都是这样的学生，那该有多好啊！毫无疑问这两种类型的学生是深受我们老师喜欢的。但实际情况不是我们所希望的那样。这两种类型的学生各占学生人数的35%，合起来共占学生人数的70%。

我们所教的学生还有两种类型，那就是动觉学习优势者和触觉学习优势者，他们各占学生人数的15%，合起来共占学生人数的30%。对于他们来说，老师一节课所讲的内容，同样的环境，同等的条件，动觉学习优势者和触觉学习优势者是不能够完全学会的，达不到我们的课堂要求，他们往往是老师不太喜欢的学生。他们更需要运动、需要感觉、需要触摸、需要动手去做的过程。如果强迫他们坐在课堂上不动，那么他们就会感觉非常无聊乏味。在目前中国的教育体制下，他们的学习效率是很低的。同样的环境，他们在视觉和听觉方面没有优势。

要想让这些学生把我们老师一节课所讲的内容完全学会，必须要换一种方式与方法，或者换一种环境。反复多次，他们才能学会。

——摘自《班主任专业成长的八堂必修课》韩玲 王晗 著

多元智能理论告诉我们，由于遗传和环境等各种因素，人与人之间是有一定差异的。我们不能说哪一个学生更聪明，而应该说，那个学生在哪一个领域里更聪明。每个人都有可发展的潜力，只是表现的领域不同而已。试问，爱因斯坦和达·芬奇谁比谁高？比尔·盖茨和乔丹谁比谁强？

我有一个学生，他给人的感觉是聪明机灵，特别是在语言学习方面，有特别突出的优势。但他特别调皮，在我教他的一年里，总有学生跑到我这里告他的状。从学业方面来讲，他确实是比较差的。后来他没能考上高中，上了一所职业中专。后来，学生告诉我，这个同学参加市中学生辩论大赛，获“最佳辩手”称号。职业中专毕业后，他又考上了一所大学。学的专业是播音。听到这些我既感意外，又觉得很正常，同时也使我有了不少感触。我们应该如何来看待一个在学业上不好的同学？这是我一直以来思考的一件事情。

——摘自《班主任专业成长的八堂必修课》韩玲 王晗 著

教育是什么？什么是教育？从孔子到苏格拉底，从陶行知到苏霍姆林斯基，千百年来，钟情于教育的人们一直都在不懈地追问。

在与中国科学院著名心理专家王极盛教授就这个问题进行探讨的时候，王极盛教授说了这样四句话，给了我很大的启示，在此愿与大家一起分享。

第一，素质是人才成长的物质条件。这个孩子适合什么样的发展是由他的天性决定的。也就是说，人的生理遗传为人才的培养提供一种可能性。

第二，社会和环境是人才培养的外在条件。社会历史条件决定人才培养的方向和水平。也就是说，我们所培养的人才是为社会服务的，现在的社会需要复合型人才。

第三，个人的主观努力和具体实践起决定作用，是成才的重要条件。

第四，教育起主导作用。面对学生不会，光我们着急不起多大的作用，我们要想办法把学生调动起来，让他们着急，让他们去努力。也就是说，教育就是使人的特长得到充分发挥，让我们的学生在他原有的基础上做得更好。

——摘自《班主任专业成长的八堂必修课》韩玲 王晗 著

教育就是在原有基础上进行完善和提高。

对我们来说，在实际工作中，我们要把握这样一条原则：你不能让西红柿苗子结出苹果来，西红柿就让它结西红柿，苹果就让它结苹果。每个成果都有其价值，沿着学生的强项成长，每个学生都是最优秀的！教育是一门艺术，只要用心大家都可以掌握，只要方法得当，每个孩子都能成为英才。

5. 感受学生，把握需求

现实生活中，我们有些老师，总以为自己整天和学生们在一起，难道我们还不了解他们？不少老师恨铁不成钢，总是把“批评”和“指责”挂在嘴边，把“严”字写在脸上，甚至常常为自己过激的言行辩护：我还不都是为了学生好吗？

还有一些老师常说：“学生就好比一棵小树，不剪不砍不成材。”“成绩不说跑不了，缺点不说不得了，错误不批改不了。”好像学生只能在“批评”和“指责”中才能成才，“批评”和“指责”也似乎成了教师对待学生的常规武器。

还有一些老师要是知道学生看电视、看课外书，或是从事一些与学习没有直接关系的事情，就会对学生严加管教。如果学生辩解，就会招来一阵“狠批”。

应该承认，这些老师的一些想法和做法确实是为了学生好，但遗憾的是效果却往往很不理想，甚至常常事与愿违。为什么呢？

现在的孩子喜欢什么样的老师？北京市海淀区教工委连续一年的调查表明：学生心目中的好老师与老师的性别、年龄、长相关系不大，学生评价老师的标准集中在师德、水平和心理品质上。海淀15万中小学生对“好老师”的白描是：爱笑，和蔼，有爱心，知识渊博。

海淀区教工委日前在全区190所学校中开展“学生喜欢什么样的老师”大讨论活动，想通过学生的眼睛寻找新型老师的标准。调查发现，由于家庭背景的差异、学生成长经历和个性心理特点诸多的不同，不同的学生也会对老师提出不同的要求，但学生对好老师应具备的素质品质还是有共性标准的。

学生的标准归纳起来有三条：一是高尚的师德。学生喜欢追求真理、爱岗敬业、关心热爱学生、无私奉献的老师，认为老师的魅力来自美德。二是精湛的教育教学艺术，希望老师能把课堂变成师生情感交流的“磁场”。三是良好的个性心理品质。学生喜欢豁达大度、昂扬乐观、平易亲和、幽默风趣，善于沟通交流，富有人文情怀的教师。

学生喜欢的教师标准在不同学龄阶段有所差异。小学低年级学生比较偏重感性，对老师的性格和态度比较在意。年轻漂亮、和蔼、有爱心的教师容易得到孩子的认可。中学生相对来讲偏重理性，更在意教师的知识层次和教育教学水平以及人格魅力。知识渊博，既重视知识传授，又重视能力培养，具有创新能力的教师是中学生心目中的好老师。几乎所有的学生都希望老师能带着微笑上课。

——摘自《师德与教师职业生成》主编：陈爱苾

最主要的就是没能很好地感受学生、把握他们的需求。

近日去兄弟学校学习交流，休息之际，我便在校园里溜达。就在我对校园环境管理之精细赞不绝口时，一幅不和谐的画面进入了眼帘。

这是一组学校优秀班主任的照片，置于宣传橱窗的显要位置。本应受人尊重、爱戴的班主任们的照片上却留下了许多恶意破坏的痕迹：有的班主任眼睛被“挖”掉了，有的女班主任嘴唇被涂抹出两撇胡须，有的眼角下被勾勒出串串泪珠……这令人哭笑不得的“恶作剧”，让我陷入了沉思：为什么学生对这些优秀班主任如此“仇恨”，以至于咬牙切齿地发泄内心的不满？是什么使他们内心充满怨恨，用这样一种“恶搞”来宣泄？班主任与学生的关系怎么会紧张到如此程度？

于是，我趁着课间休息，找到其中一位被“毁容”的班主任所带的班。我走到两个学生旁边，假装迷路，请他们带我去会场。他们犹豫了一下，还是答应了。我们边走边聊，不一会儿便熟识了。这时我轻轻抛出第一个问题：“你们班怎么样，你们快乐吗？”其中一个孩子皱着眉头说：“太压抑了，一点自由都没有，整天被关在教室里不准动，这也不行、那也不能，条条框框太多，都快受不了了。”我说：“我非常理解你们的心情，但这是学校的管理制度，老师也无能为力啊！”接着我又问：“你们的班主任怎么样呢？”另一个孩子说：“经常发脾气，动不动就咆哮，成绩上不去、考试考不好，甚至稍有错误就会遭‘赏脸’。我们见到她就像老鼠见了猫。”原来如此！

我说：“你们可以和她交流啊，为什么不告诉她你们的真实感受呢？”“哪敢啊，找倒霉啊！”他们的语气显得有点不快。把我送到会场后，他们说：“老师，我们回去了！和你在一起，真好！”仅一面之缘，他们就说出一句如此温暖的话语，着实令我感动。而与他们朝夕相处的班主任却无法走进他们的内心，究竟是谁的悲哀？

在回去的路上，我暗自庆幸，幸亏没有为了让自己“优秀”起来而把学生逼到这一步。要知道，完全不顾及学生的感受而荣登光荣榜，师生对抗就是不可避免的。成绩要上去，分数要提高，但绝不能揠苗助长、杀鸡取卵、涸泽而渔，违背教育规律必遭规律惩罚。

如何让校园不再出现这样不和谐的画面，让优秀者真正优秀起来？首先，教师眼中不能只有分数，而评判教师的标准应该多元化、立体化，一定要让学生参与到评价中来，因为最有资格评判老师的人是学生。作为学校，更不应该助长某些违背教育规律的做法，要采取措施避免恶性竞争，创建和谐共赢的竞争氛围。

作为班主任，一定要在工作中放平心态，不要过于计较个人得失，更不能急功近利、不惜一切代价去追求名不副实的“优秀”。褪去浮华始是真，当你真正走进学生心中时，不管你在别人眼中是否优秀，你的学生一定会以你为荣。当他们看见你的照片时，欣赏尚且来不及，又怎会忍心“毁容”？

——摘自《班主任》杂志2010年第10期

作者：江苏省宿迁中学初中部 伏军

对我们来说，在实际工作中，感受学生，把握需求，让学生感到你是可亲、可信、可靠的朋友，才能对你敞开心扉，使你真正了解学生的喜怒哀乐和内在需求；感受学生，把握需求，才能更好地认识学生，更好地理解学生，更好地指导学生。

亲爱的老师，你了解自己的个性特点吗？能正视由自身的不良个性导致的问题行为吗？常见的具有不良个性的教师主要有四种：

■ 冲动型教师

具有冲动个性倾向的教师，常常因为一时的气愤，留给学生永恒的伤疤。他们在工作中容易出现爆发性的情绪。比如，顽皮的学生在某些方面冒犯他们或给他们取绰号，他们往往会因气愤而严重惩罚学生。

这类教师往往情绪不稳定，意气用事，缺乏耐心，不能自制，甚至为所欲为，不尊重社会规范和职业道德。

在这类教师的课堂上，学生经常处于紧张状态，容易产生坐立不安的感觉。学生上课时处处小心翼翼，生怕因犯错而遭到严厉的惩罚。

我们都知道，情感之于思维犹如燃料之于发动机。愉快的情绪能使学生的感知、记忆和想象敏捷、牢固和活跃；而苦恼、焦虑的情绪会使学生的感知、记忆和想象出现迟钝、受阻的现象。所以，学生在紧张的环境中接受知识，效果会受到影响。

……

■ 专制型教师

具有专制个性倾向的教师，在课内外都认为自己是绝对权威，要求学生的一切思想不违背他们的意愿。通常情况下，学生的一举一动都在他们的严格控制下，他们往往认为自己的所作所为都是对的。他们的教学往往是我讲你听，我问你答，我写你抄，我画你背。学生询问“为什么”时，教师可能会责问甚至讽刺学生。

在这类教师的课堂上，学生的言行必须跟他的教学保持一致，他的观点是放之四海而皆准的，学生不能越雷池一步。

……

■ 放任型教师

具有放任倾向的教师，往往对学生放任自流，既不鼓励学生，也不反对学生。这种管理方法对那些缺乏自觉性的学生的成长尤其不利。

教师的放任自流，直接影响到学生的个性品质的形成。如果教师长期放任自流，学生就会自由散漫，我行我素，集体意识淡薄。

……

■ 强迫型教师

具有强迫倾向的教师，往往过分注意自己的行为举止，因而表现得特别死板，缺乏灵活性。他们墨守成规，怕犯错误，而且要求学生按自己的思维方式和学习习惯行事。

在强迫型教师的课堂上，气氛极度沉闷，几乎听不到学生发言。在其影响下，学生往往恭敬顺从，创新意识和创新能力不强，不灵活，师生之间的交往不多，实践能力和动手能力比较差。

通常情况下，新教师对教师职业具有较多理想化的构想或对自己的要求较高，因而很容易受到强迫倾向的影响。

……

——摘自《教师的幸福资本》雷玲 编著

要想用对方法做对事，这就要求我们的老师在实际的教育教学工作中，必须要站在学生的角度，研究学生的心理，采用适合学生的方式和方法。

6．"问题学生"其实不是问题

提起"问题学生"，几乎每个老师都可以毫不犹豫地说出一份"黑名单"，然后从各个侧面剖析这些学生在课堂上的种种行为和表现以及给老师们留下的"深刻"印象，总是让人难以忘怀。

由于种种原因，通常情况下，"问题学生"具有是非观念模糊、缺乏求知欲、自尊心差、意志力薄弱等不良习惯。由于身上的毛病、缺点多，常常被父母、老师、同学嘲笑甚至歧视，很少得到关爱和温暖，普遍地存在自卑心理，因而疏远班集体，对老师的爱护和关心表示怀疑，抱有疑惧和对立情绪。

由于"问题学生"在学习或其他方面不如别人，产生消极意识，和好学生在一起总有一种自惭形秽的感觉，因此他们常以各种捣乱行为来引起别人的"注视"。特别是这些孩子进入青春期，由于生理与心理发展的不均衡，使学生情绪上容易激动，遇事易冲动，思考问题片面，不能深入思考、全面理解生活中的事件对他人生发展的意义，所以会头脑一热做出一些令老师和家长头痛的事情，比如因同学矛盾打架、顶撞老师、逃课出走、谈恋爱、撒谎等，这都是很容易出现的，也是在教育过程中我们这些当老师的必然要经历的事情。

——摘自《给教师的健康书》李林英 杨红英 主编

其实，“问题学生”不仅中国有，世界上其他国家也有。甚至可以这样说，“问题学生”几乎成了全世界普遍关注的问题之一。

2001年6月25日《北京青年报》的一则报道中指出，在我国现有的3亿多中小学生中，有5000万之众的青少年被现行的评价标准划入了“差生”行列。这个数字相当于一个法国、十个瑞士、一百个卢森堡的人口。有的研究认为，学业不良的学生在所有学生中占有相当大的比例，约为8%~12%。

心理学家索里等人认为，这类“偏离了文化常模”的学生大约占全部学龄儿童的10%~20%，甚至超过了20%。在日本有所谓的“差生七五三”(指七成高中生、五成初中生、三成小学生为差生)之说，法国小学的留级生高达20%。

那么，对于这些“问题学生”和他们出现的这些问题，我们究竟应该怎么办？

有研究表明，教师如果在教育教学中恰当地运用一些心理效应，将会有效地激励学生学习，促使学生积极思考。那么，有哪些心理效应适用于实际的教育教学过程中呢？

■瓦拉赫效应

奥托·瓦拉赫开始读中学时，父母为他选择了一条文学之路，不料一学期下来，教师为他写下了这样的评语："瓦拉赫很用功，但过分拘泥，难以造就文学之才。"之后，他的父母又让他改学油画，可瓦拉赫的成绩仍然是全班倒数第一。面对如此"笨拙"的学生，绝大部分老师认为他成才无望，只有化学老师认为他做事一丝不苟，具备做好化学实验的素质，建议他学化学。瓦拉赫智慧的火花一下子被点燃了，最终获得了成功。

瓦拉赫的成功说明了这样一个道理：学生的智能是多元化的，每个人都有智能的强点和弱点，而一旦找到自己智能的最佳点并充分发挥，便可取得惊人的成绩。后人称这种现象为"瓦拉赫效应"。

■皮格马利翁效应

希腊神话中，塞浦路斯国王皮格马利翁爱上了一座少女雕像，在他热诚的期望下，雕像变成了活人，于是皮格马利翁与之结为了夫妻。

美国著名心理学家罗森塔尔和雅格布森在原神话的基础上进行了研究，提出了"皮格马利翁效应"。"皮格马利翁效应"就是期望心理中的共鸣现象。如果教师常常给学生以鼓励，会给学生的学习、成长注入一针兴奋剂，学生会因此变得更加自信自强，其自身的主动性和创造性也会得到充分发挥。

■霍桑效应

美国芝加哥郊外的霍桑工厂，是制造电话交换机的。这个工厂有较完善的娱乐设施、医疗制度和养老金制度等，但工人们仍愤愤不平，生产状况也很不理想。后来，美国国家研究委员会组织了一个由心理学家等各方面专家参加的研究小组，在该工厂开展了一系列的试验研究。这一系列试验研究中有一个“谈话试验”，即用不到两年的时间，专家们找工人个别谈话两万余人次，并规定在谈话过程中，要耐心倾听工人对厂方的各种意见和不满。“谈话试验”之后，霍桑工厂的产量大幅度提高。社会心理学家将这种奇妙的现象称为“霍桑效应”。

这一效应告诉我们，教师耐心地引导学生尽情地说出自己在生活、学习中的困惑和成长中的不满，会让学生有一种发泄式的满足，让学生感到轻松、舒畅。如此，他们就会更加努力地学习。

■超限效应

“超限效应”，是指刺激过多、过强或作用时间过久，从而引起心理极不耐烦或逆反的心理现象。

从心理学角度上讲，学生第一次挨批评时厌烦心理并不太大，但第二次挨批评时，其厌烦度会倍增，第三次、第四次……其厌烦心理就会以几何级数增加，还有可能演变成反抗心理。在教育过程中，转变后进生不能一劳永逸，其转化一般要经过醒悟、转变、反复、巩固、稳定的过程，甚至会出现几次较大的反复。在此过程中，教师不能动辄“翻老账”“揭老底”，要防止“超限效应”的消极影响。

■晕轮效应

美国社会心理学家阿希做过一项实验：给被试者一张列有“聪明”“灵巧”“勤奋”“坚定”“热情”五种品质的表

格和一张列有“聪明”“灵巧”“勤奋”“坚定”“冷酷”五种品质的表格，让被试者分别想象具备这几种品质的人是什么样子，结果他们想象出了完全不同的两类人。实验表明，“热情”与“冷酷”，不但影响了对一个人总体上的认识，还影响了对一个人其他品质的认识。

评判一个人在某方面的业绩和表现时，由于评判者对被评判者在其他方面的印象的影响而做出偏高或偏低判断的倾向，叫“晕轮效应”。教育实践证明，克服晕轮效应的关键，是教师要准确、全面地掌握学生的思想状况和情感波动，切忌用主观的情感或片面的认识对学生进行总体判断。

——摘自《教师的幸福资本》雷玲 编著

对我们来说，少绷一回脸，少瞪一次眼，少一点冷漠，少一些排斥；多一点微笑，多一些鼓励，多一次关心，多一回尊重，多一句夸奖，“问题学生”就不是问题了。

课后感言

面对教育新形势的迅猛发展，新问题的不断出现，我们很多教师深感茫然困惑，甚至出现职业倦怠。在当今这样一个全新的时代，我们怎么消除这种茫然与困惑，怎么克服职业倦怠呢?

首先就是要我们在教育教学中转变传统的观念，教师的职责不仅是传道、授业、解惑，更重要的是引导学生自主学习与创新，教师要从课堂的“传授者”转变成“组织者”，让学生成为课堂的主体，树立教师的“教”是为学生的“学”服务的思想，实现以人为本的教育思想。

……

在教学中应该培养学生的自主性与差异性，尊重学生的个体性。尊重学生的差异性，让他们有充分展示自己的机会，天空能给每只小鸟以飞翔的机会，大地能给每棵小草以开花的机会，学生们人人都是花朵，只要把握好生命的花期，再小的花朵也是美丽的，再平凡的人生也能写满快乐。

……

每一个学生都有与众不同的兴趣、特长，尊重了解学生的特长，就意味着为学生提供了自由广阔的发展空间，也就意味着学生的精神生命能够自由呼吸。

……

教育就是与学生共度生命的历程。对我们来说，教育有时需要等待，需要我们耐心地等待。在我们静候花开的时候，不但要给他们阳光与雨露，也要给他们足够的空间。

……

在我们给学生们自由发展空间的同时，也给了我们自己一个空间，在这个空间里，我们学会了等待，学会了欣赏。在这个空间里，我们得以静下心来审视我们的教育；在这个空间里，我们品味着教育带来的甘甜，放飞着教育的理想。

……

只要我们能教出“勤”学生，何不尝试一下做一个“懒”老师呢？让学生由“他律”逐渐变为“自律”。这样，不仅锻炼了学生，也让我们从繁重的事务中得以解脱。

……

对我们来说，在实际工作中，感受学生，把握需求，让学生感到你是可亲、可信、可靠的朋友，才能对你敞开心扉，使你真正了解学生的喜怒哀乐和内在需求；感受学生，把握需求，才能更好地认识学生，更好地理解学生，更好地指导学生。

这就要求我们在实际的教育教学过程中，必须要站在学生的角度，研究学生的心理，采用适合学生的方式和方法。

……

“问题学生”已经是一个很普遍的现象，我们当教师的一定要有一个平和的心态来面对。学生成长过程中出现一点问题，是在所难免的。面对“问题学生”，我们不要把问题扩大化、复杂化，要多给他们时间和空间。以平和的心态对待学生出现的问题，多一份包容和理解，少一份指责和怪罪，那样处理起“问题学生”就显得游刃有余了。

第二课 树立积极的人生观，学会悦纳生活

1. 阳光生活每一天

对于现在的老师来说，教育教学的方式和方法已经不成问题，成问题的是老师们的心态。

陈娟是一位普通的高中教师。可是，她越来越不喜欢这个被称为"太阳底下最神圣的职业"了，经常感觉被一种失败感吞噬。

陈娟每天早上7点半到校，一进教室就开始了和学生的"抗争"：不是学生人数不齐，就是作业收不上来。因为总是有那么几个学生通宵网游或是看录像，不做作业，或做得极为潦草。陈娟只得逼他们补做。接下来的批改作业，在陈娟看来也是件烦心的事，每个细节都要仔细看。等她批完的时候，已经有些恼火了，再数数作业本，怎么还缺几本？这时，说话的声调不自觉会提高许多，有时还会训斥学生。

回到办公室后赶紧备课，准备上课。上课时带着学生在知识的海洋里遨游，本是一种惬意的享受，可是总有几个学生不认真听讲，怎么办？表扬其他同学有时根

本起不到暗示他们的作用，只好直接点名。可有时候，一次两次的点名对他们也无效了……这让她经常是怒气冲冲，疲惫不堪。

——摘自《给教师的健康书》李林英 杨红英 主编

在实际工作中，教师的心态对于我们所要采取的教育行为有重要的影响。

在学校里令教师大伤脑筋的常是调皮淘气的学生，面对他们的错误，教师必须善于控制自己的情绪，保持清醒的理智，以冷静宽容的心态来处理学生的错误。多在印象中搜寻该生的闪光点。用发展的观点来看待学生，使自己心平气和，再进一步对学生因势利导。

如果一个教师为一件小事便怒不可遏，那班上学生的热情能有多大，学习兴趣能有多高，自尊心能有多强，不言自明。久而久之，这样的行为只会令学生敬而远之，恶化师生关系，影响正常教学。

当然，情绪的自控能力是受一个人的道德修养、意志品质、性格特征制约的。作为教育者，必须跳出易怒的心境，以平和宽容的心态去解决问题。

可能有的教师存在这样一种错误认识：用暴风骤雨般的发泄，可解心头之气，使心理平衡。需知教师的狂怒，不仅使学生噤若寒蝉，挫伤自尊，教师本人也会郁郁不乐，损害身心。当你处于怒火中烧的情境时，最好采用转移的方法冷却情绪，比如搁置此事暂不处理，继续正常工作，或先让学生自己反思写检查。训练有素的教师总善于用冷处理的方法保持泰然自若，使学生心悦诚服。

古人曰："卒然临之而不惊，无故加之而不怒。"学会制怒，不仅是修身之道，也应是教师必备的心理素质。

——摘自《给教师的健康书》李林英 杨红英 主编

作为一名教师，无论遇到什么情况，我们都要拥有阳光心态。由此，想起了我曾经在《中国教育报》上看到江苏省羊尖高级中学李婕老师的一篇文章，题目是《拥有阳光心态，幸福随之上路》。读后，很有感慨。在此愿与大家一起分享。

……能让教师过上幸福生活的法宝，最主要的是我们自己的心态……决定幸福的心态应该是阳光般的吧。阳光普照大地，温暖每一个人，也是宽容平等的。教师的心态也要像阳光那样，是平常、达观、宽容、感恩、积极向上的。我们只有拥有这样的阳光心态，才能做一个幸福的教师。

……要有一颗平常之心。平常心是一种冷静、客观、理智、忘我的心态。如果教师缺少平常心，就会对学生提出过高过严的要求，就可能失去耐心、细心、冷静和理智。刚走上讲台不久的我，总是以高标准严要求来对待我的学生，总希望自己的学生能够优秀一些再优秀一些，最好人人都能品学兼优。所以，当越来越多的脱离实际的过高期望和过严要求，遭遇到越来越个性张扬的新时代学生的时候，矛盾便一触即发了。我委屈我悲哀我高呼“我本将心向明月，奈何明月照沟渠”，于是开始对他们感到失望甚至失去耐心。学生却越来越不理解我，有的学生甚至开始不尊重我。海明威曾经说过，现实不一定总是美好的，但我们必须拥有一颗面对美好的永恒的心。面对客观存在的问题，我们不能一味地沮丧和抱怨，而是应该接受现实。如果当时我能够拥有一颗平常心，不急不躁，在尊重学生个性的基础上去教育学生，在面对诸如气氛沉闷、不交作业、上课讲话等情况时，我就会冷静客观地对待学生，理智地分析问题出现的原因，并作出恰当合适的决策。

……

要有一颗宽容之心。作者在这本书中说过这样一句话：“教育的过程就是一个不完美的人引领着另一个不完美的人追求完美的过程。”是啊，金无足赤，人无完人，我们这些为人师者，年岁长于学生，知识多于学生，阅历丰于学生，涵养胜于学生，即使这样，我们也不是完美的，那为什么一定要强求学生完美呢？学生之所以是学生，就是因为他们比我们容易犯错误。正因为学生会犯错误，所以才需要教师的存在。刚工作的时候我并没有认识到这一点，我总是难以容忍学生的错误，课堂上的讲话声、作业中的错误、考试成绩的不理想都会让我心情沮丧，对犯错误的学生进行不留情面的严厉批评，如此一来，原本沮丧的心情变得更加沮丧、压抑。其实每个学生都有自己的优点，都有自己的位置和作用。就像我教的这个班，他们真的一无是处吗？不！恰恰相反，他们有着其他班级所没有的许多优点。这是个最能让老师投入激情的班级，每次开课我总是毫不犹豫地选择这个班：这个班的学生可以说是多才多艺的，绘画、朗诵、舞蹈……甚至连校长都被他们课堂中的精彩演讲所感染。如果我也能够怀着一颗宽容之心多发现他们身上的一些闪光点，而不是一味盯着他们所犯的错误不放，我也就会少些烦恼多些快乐，少些狭隘多些豁达，幸福的生活不就是这样吗？

心态决定一切。心态好了，一切也就都好了。拥有了阳光心态，就能够真正做到阳光生活每一天。

2. 改变不合理的期望，茫然与困惑不再有

教师通常都有着强烈的责任心，对自己的要求往往非常严格，做事认真，这些都是优点。从另一个角度来讲，具有这些人格特征的人却容易出现不合理信念。

在实际工作中，教师主要存在下列不合理期望。

■完美主义倾向

每个人都在追求完美，希望自己健康、漂亮、有才华，工作顺利、有成就，生活平安、幸福、富裕，这种心理是可以理解的。但是，我们也应该清楚地意识到，过高的期望和不切实际的要求就是幻想和空想。总抱着

不现实的目标生活，苛求自己、苛求别人，其结果只能招来无休止的烦恼。

■寻求绝对公平

追求公平是人类共有的理念，没有对公平的追求就没有社会的进步。但公平只是相对的，现实生活中没有绝对的公平。想寻求绝对的公平，就必然会遭遇更多的挫折。

■以偏赅全

以偏赅全有很多表现，比如，在自我评价时，把自己的优点或缺点扩大化，不能客观、全面地认识自己，有的因有一些成绩而居功自傲，有的因一些才干而恃才傲物，有的因一次失误而自怨自艾……评价别人时，也倾向于夸大别人的优点或缺点，这些都会影响自己的心情以及行为。

——摘自《给教师的健康书》李林英　杨红英　主编

长期以来，由于社会对教师的过高期望，教师已成为完美的化身，如知识渊博、性格温和、富有爱心和耐性、淡泊名利、人格完美等。很多教师受此影响，将真实世界中的个人形象同理想中的教师形象等同起来，对自己产生了一种不切实际的过高期望，竭尽全力甚至超过自己的能力扮演着社会期待的完美的教师形象，而这种由高度紧张和高度焦虑维持的“理想”行为，必然带来教师身心的超负荷运转，从而加速教师职业倦怠的产生。

刚刚走上讲台的小鲁老师基于对自己的教育人生的美好设想，不断推陈出新，很快摸索出了很多好方法。

他经常在教学中穿插室内游戏，实施启发式教学，以开放的心态对待学生新潮的思想和生活方式。学生们也乐意接受这样的教学方式，都爱上小鲁老师的课。

小鲁老师大胆进行教学改革，充满了教育热情，同学们也都非常喜欢他的教学方式。然而，学校只关心教师的教学成绩，所有的新颖改革，学校各领导表面同意暗地里却很瞧不起，始终认为分数才是王道。小鲁老师很快就经受了一些大会小会的层层考验，终于，没过多久，他被迫放弃了“美滋滋的”教学方式。很快，小鲁老师就在教育理想和现实面前徘徊起来，之前所坚持的职业信念也开始动摇起来……

——摘自《给教师的健康书》李林英　杨红英　主编

人不可能没有目标，但目标过高就可能出现问题。如果目标让人感觉遥不可及，那就失去了努力进取的勇气，也就失去了目标的意义。我们要正确认识自己，结合自己的实际制订自我发展目标，并以平和的心态对待目标，切忌急功近利。

山东省寿光市牛头初中宁杰老师说：

人的一生是奋斗的一生，若人生中没有奋斗目标，不管干什么事，时间久了就会不思进取，产生厌倦情绪。因此，人要有远大的理想和目标。但目标太高了，往往会使人产生一种遥不可及的感觉。就像登山一样，一步不能从山底登上山顶，如果用沿途的景点来分解漫长的登山路程，这样就可以不断地体验到成功的快乐，在自信中逐渐接近山顶。人的奋斗目标的实现也是如此，需要把远大的目标化解为一个个小的奋斗目标。

小的奋斗目标仅仅是我们在实现大的目标过程中小小的一步，它是我们通向成功的必由之路，在其中体验到的成功的快乐就成了我们实现下一个新目标的动力。所以，我们就必须把人生奋斗的最终目标划分为若干个小目标。虽然大目标看起来遥遥无期，但小目标却是很容易实现的。因此，当我们完成一个小目标后就要再制定一个切实可行的新目标去奋斗，在不断实现小目标的同时经常体验成功的快乐，享受工作着的幸福，从而工作中的倦怠症也会离我们而去。

要改变不合理的期待。作为教师应了解到自己事业的可能性与其限制性，而不能只是一味强调为社会培养人才的重大责任，应承认自己也是一个平凡的人，会有七情六欲、喜怒哀乐，不要因为自己的现状与预期目标相差太大而产生理想的幻灭。做一个真实的人，而不是古书上的圣贤。

每个教师在工作过程中，总是按照自己的理想，自己的意愿，努力想把工作干得出色，但结果并不总遂人愿。所以无论结果如何，只要我们努力过，对自己和他人都问心无愧，又何必自寻烦恼？教师应该学会对自己的能力、知识水平做出一个较为客观的评价，适当降低成就欲和期望值，从而使自己摆脱沉重的失落、难解的怨气、无名的惆怅。“退一步海阔天空”，这样也很好。

世界上的事情总是会有些说不清道不明或不尽如人

意的地方，为了给人生航程“清淤”导航，缓解心理压力，使自己有一个良好的心态，作为教师，不妨学会理性地妥协。

——摘自《给教师的健康书》李林英　杨红英　主编

任何人的成长都要经历一个过程。教师也是一样。

青年教师的成长过程一般都是由小学、中学到高等院校再到教师岗位，他们一般都是学业上的佼佼者，而且工作热情高、干劲足、多思善想，这都为他们顺畅地发挥自己的聪明才智、创造性地开展工作奠定了良好的基础。

我们要清醒地认识到，在教学中遇到逆境是不可避免的。“万事如意”只是人们一个美好的祝愿而已，现实生活中，不如意之事十之八九。所以，面对逆境，要坦然面对，努力提高自身素质。

顺利时，莫为表面现象所迷惑，切忌骄傲自满，忘乎所以，任何时候都要摆正自己的位置，客观地评价自己。逆境时，不要为矛盾和挫折所烦恼，要把矛盾和挫折当成滋补心理健康的营养液，只要具备敢容天下难容之事的胸怀，就能达到“心底无私天地宽，放眼世界尽风流”的境界，这样对自己身心健康和工作都有益。

3. 增加自我效能，自卑与焦虑不再有

“自我效能”是指对自己工作是否有效的一种主观体验，能够对自己的努力结果产生实际的感受，是使自己不断受到鼓舞、保持乐观的工作态度的重要基础。

一份关于中小学教师心理状况的调查结果显示，51.23%的中小学教师存在心理问题，其中32.18%属于“轻度心理障碍”，而2.49%的老师已经构成了“心理疾病”。在一份关于教师工作状态的问卷中，有近一半的老师认为“工作太累”，其中37%的教师每天工作时间超过8小时。86.7%的教师认为自己主要的工作是备课、上课、应付检查和考试。这种不健康心理，在教师的情绪上表现出的是自卑与焦虑，在工作上表现出的就是对教师职业的倦怠。

所以，我们要不断增加自我效能，努力克服职业倦怠。那么，我们如何增加自我效能呢？

要增加自我效能，就要拥有一份乐观的心情。

山东省寿光市台头一中王亮老师说：

克服职业倦怠有一个好办法，就是增强自我效能感，增加自信。教师如果对自己的努力结果不能形成积极的感受，长期看不到自己的成绩，就会产生失败、无能、失望的感觉，从而产生消极心态，对教学工作产生倦怠心。为了避免这种消极的心态，就要设法增强自我效能感。我们可以定出适合自己实际情况的目标，不要因目标不切合实际而导致无谓的失败感。同时要学会正确地对比，不要与根本不具可比性的对象进行毫无意义的攀比。教师也要善于从生活中多方面去发现自己的长处和优点，积累和增强自我效能感。

只要把自己所从事的工作看成事业而不仅仅是职业，

对自己的工作充满激情，充满信心，相信教师就会沉浸在鸟语花香、生机勃发的教育教学的春天里，从而远离职业倦怠。

增加自我效能，就要学会理性妥协。

北京市平谷六中李强老师说：

提及“妥协”，人们总会联想到退让、投降，武断地为它涂上贬义色彩。其实不然，在现实工作和生活中，“妥协”就好比润滑剂，调和着各种社会关系，也调节着自我的观念和人生态度。但我们不能遇事就一味妥协，要学会理性妥协。

理性的妥协并不等于麻木、怠惰，并非“弃昨日而不思，避明日而不想，处今日而无虑”。理性的妥协是一种境界，是一种健康的心态，更是一种人生智慧。古人云，“临渊羡鱼，不如退而结网”。“退”的目的是为了另辟蹊径，寻找新的解决办法，“退”是为了更好地“进”。理性的妥协是一种能力，是一种思考问题的角度，只有这样才能有效增加自我效能。

要增加自我效能，就要给自己一点期待。

江苏省邳州市戴庄中学周锋老师说：

教研上，给自己一点期待。倦怠是由于工作的被动，缺乏新鲜感、成就感。尽管上级要求很严，管得很死，可每堂课都得自己上，每项工作都得自己做，这就不妨按照自己的想法，做一些探索和创新。自己完全可以有一个或大或小的研究课题或方向，使自己有个期待，有个理想。人，最可怕的是看不到希望，不能有所期待。若能有些成就，如论文发表、成果显著，就会觉得有意义了。

生活上，给自己一点色彩。教师的工作循环往复，单调贫乏，容易使人倦怠。其实，完全可以使自己的生活多些色彩，如有个读书计划、写作计划、短程旅游打算，与同事和亲戚安排个野餐或钓鱼活动等，都会使生活有些味道。

精神上，给自己一点忍耐。人生在世，不如意事常八九。不如意时，不能爆发。在自己即将“火山爆发”时，提醒自己：忍耐，再忍耐。忍耐是一种风范、一种胸怀，忍一时，峰回路转；耐一刻，天高海阔。说不定就在忍耐中会出现那“柳暗花明又一村”的美妙境界。

给自己一点爱，这是一种生活技巧、一种人生智慧。当别人不能给予自己关爱时，就自己给自己一点爱。

要增加自我效能，就不妨来点阿Q的“精神胜利法”。

山东省寿光市牛头初中宁杰老师说：

在你三令五申的情况下，有个学生又违反纪律被学校领导抓住了，这本是件令人恼火的事情，有时甚至产生“这个班主任不干了，随他们去吧”的念头。可我们从另一个角度——用“阿Q精神胜利法”想一想，正是由于孩子们自制力差才需要我们去教育啊，学生违反了纪律说明我们的工作还不到位。这样一想，就把产生倦怠情绪的消极因素转化成了产生工作积极性的积极因素。

要增加自我效能，就要心胸开阔。

广东中山火炬开发区第三小学余俊老师说：

教师的职业是个清苦的职业，是个奉献的职业，不能与大官相比，也不能与富商相比。教师的收入和地位仍然不是很如意，老师的工作不是社会全部人都能理解的，这些暂时现象你必须接受，因为你抱怨也好，苦恼也好，自卑也好，都无法一下能改变得到。要像魏书生一样做个大度豁达的人，遇到烦恼的事情放开点，不要抱怨自己的运气不佳，境遇太差，把成败归咎于客观条件，而忽视了主观能动性。教师劳动的收获，是精神产品上的收获，是个短期无法看见效益的收获，认识这个特点，你要能细细体会自己感觉到的成功的欢乐。看到自己培养的人才在各条战线上为党为人民做着实实在在的贡献，哪一位教师能不感觉到幸福、自豪呢，在幸福中又怎么可能心生倦怠呢？

教师的职业烦琐、细腻，只要肯做就无休无止，有做不完的事、讲不完的课、教不完的学生。一个人长时间地投入在一个工作中，把压力重重地压在自己两肩而不堪重负。要想抛开压力，最好的方法就是找点自己感兴趣的事情去做，可以为文，可以做事，可以读书，可以锻炼，可以活泼一点，可以朴素一点，可出可入，可庄可谐，总之挖掘出自身潜能，辉闪自己长处，心生自豪，心生荣耀，心生自强，在成功中你又有什么可能倦怠呢？

总之，只要我们能够调整自己的心态，乐观地迎接每一天，就能有效地克服职业倦怠。

4. 学会一点幽默，尴尬与难堪不再有

在教育教学的过程中，老师们偶尔会遇到这些情况：讲课出错、仪容不整的时候，被学生起哄，喝倒彩；学生在课堂上出现意外举动，搞得老师很被动……这些都会让我们老师感觉很尴尬。那么，遇到这些情况，我们究竟应该怎么办？如何去补救？最好的办法就是：我们不妨学会一点幽默。

一位物理教师在课堂上说："同学们，为了证实大气压的存在，这个抽了空气的马德堡半球请两位同学上来试一试，看看能否拉开。"教师说完，就请两位男同学上来用力对拉。相持不多久，球竟然被拉开了。同学们一阵哄笑，这位老师一点也不尴尬，机智地说："这两位同学都是大力士，要知道，当年用了八匹马也未能将它拉开啊！"说完教室里充满了快乐的气氛。

幽默的力量是巨大的，它能给学生带来微笑、带来快乐，让学生们在愉悦中获得知识，同时也是老师赢得学生的喜爱、依赖和敬佩的重要因素。

这是我在网络上看到的一个案例：

支玉恒老师在上公开课《第一场雪》时，要求学生闭

上眼睛，倾听指定学生朗读雪后美景一段，并微笑着说："看看谁的朗读能带着大家进入美丽的雪景中。"学生朗读完毕，没有达到预期的效果。

这时，支老师诙谐地说："他把我们带进去没有？"

学生小声回答："没有。"

"只是把我们带到边上，是不是？"

学生和听课老师一齐笑了起来。支老师接着用鼓励的语气提出："谁能再试一试？把大家带进去。"

另一个学生又站起来朗诵，比较之下，还不如第一个同学。此时，下面的老师和学生都非常紧张不安，不知道支老师怎样应付这样的尴尬场面，全场寂静。

只见支老师神色泰然，风趣地开了一句玩笑："哦，他不但没有把我们领进去，反而又将我们领了出来。"

霎时，严肃、紧张的气氛一扫而光，课堂气氛立刻活跃起来。

当学生的表现不理想时，特别是在公开课上，老师难免紧张、尴尬，这时候如果老师没有良好的心理素质，急躁、发火，必然导致课堂僵场，不用说，课堂效果自然也就差。老师机智幽默的语言会扭转乾坤，让课堂愉快、轻松、和谐地进行，达到最佳效果。

幽默是一种智慧，幽默更是一种巨大的教育力量。所以，在实际工作中，学会一点幽默，尴尬与难堪就不再有。

我们学校的办公室外写着"爱自己孩子的是人，爱别人孩子的是神"。我问数学老师："您是人还是神？"他说：

"我是妖怪!"

我们的小学老师最有个性，一次，我们的作业完成得不好，她就往讲台上一坐，而且还哭了，并把脑袋往讲台上撞，够个性!

上中学时我在一节政治课上睡觉，老师拿一小棍儿打了我一下，我马上就醒了，说"疼着呢"。老师来了一句"不疼你疼谁啊"。

我上中学时，老师在课堂上说："北京的流氓，上海的阿飞，天津的二流子，哪个我没见过？你们敢调皮?"

初中历史老师上课时前三句与教学内容有关，之后就从原子弹讲到潘金莲，从天南聊到海北。那课太让人长见识了！特喜欢他的课。

我们大学的一个老教授，讲课时小酒壶一摆，边喝边讲，听得我们如痴如醉!

我们高中的物理老师很有个性，我们做错题时他就说"笨蛋年年有，今天特别多"。

我们语文老师的声音特别大，他在五楼讲课，四楼都听得很清楚！而且每节课上得讲好几个故事，目的是不让我们睡觉!

我们中学语文老师特逗，有一位姓柴的男同学的字写得很乱，老师说："你的字写得够柴的啊，好像柴禾垛。"全班大笑。

我同学因上课不认真听讲被老师叫起，同学狡辩道："我没干什么啊！"老师马上幽默地说："就因为你上课什么都不干，我才让你站起来的！”

——摘自《教师的幸福资本》雷玲 主编 红袖子 整理

幽默是教师与学生形成良好人际关系的一种催化剂。因为教师的幽默，能给同学们留下深刻的印象，能活跃课堂气氛，能冰释各种误解；教师的幽默，是一门艺术，是一种含笑的启示，能给学生以智慧的启迪和情感的陶冶。

为了让我们今天的生活充满阳光和欢笑，不妨让幽默充当我们精神上的“按摩师”。这样，我们的生活将更妙趣横生。

■自我嘲讽

就是要求教师通过极度夸张的手法来嘲讽自己的某种缺点，在学生面前主动贬低以体现教师心灵的豁达与纯净，并缩短与学生的心理距离。

■以愚启智

就是教师故作蠢言，故作大言，以激起学生反驳或跃跃欲试的激情，运用的关键就是要让学生明瞭荒谬之处，而教师要不动声色地装傻。

■偷换概念

可以这样说，概念被偷换得越隐蔽，产生的幽默效果就越强烈。

幽默来源于生活，是学来的。幽默是一种经过艺术加工的语言形式，是艺术化的语言。幽默是一种艺术方法，用这种方法造成以笑为艺术手段的文学艺术作品。

——摘自《给教师的健康书》李林英 杨红英 主编

有人说，文学家富有幽默，会使其作品趣味无穷；演说家富有幽默，会使听众笑声不断；企业家富有幽默，会使下属感到亲切；教育家富有幽默，会更有效地启迪受业者的心灵。

如果我们在教育教学的过程中能够很好地运用幽默的艺术，就能收到事半功倍的效果。

5. 和谐的人际关系让你的工作游刃有余

在实际的工作和生活中，教师要面对的人际关系主要有与学生的关系、与同事和领导之间的关系、与家长的关系、与家庭成员亲戚朋友的关系等。这些关系能否处理得当，在很大程度上影响着教师的工作与生活。也可以这样说，如果教师在这个关系网中不能顺利地进行交往和沟通，就会搞得自己心力交瘁，导致倦怠的产生。

吴老师是一位普通高中的教师。上大学的时候，她是个活泼外向的人，能歌善舞，学校的各种活动她都积极参加。

可是，也不知怎么搞的，她自从进了这所学校任教以来，一般除了工作关系以外，几乎没有可以交往的人群。怎么回事呢？

吴老师想，也许因为工作繁重、时间紧，当班主任，满负荷工作量。很多时候必须独当一面，因此自己便不太重视人际交往了，整天就和学生打交道，而一到业余时间，她便希望独处，能好好休息、调整一下，实在不愿参加学校里的活动或社会上各种聚会。

可时间一长，吴老师就发现自己的人际交往能力似乎退化了许多。偶尔遇见以前的老同学，都说她变“沉稳”了。这个“沉稳”，也不知是褒还是贬。

——摘自《给教师的健康书》李林英 杨红英 主编

教师职业无论是组织形式、工作形态还是工作内容，都是相对比较封闭的，这就需要教师为自己建立一个良好的人际关系网络，以缓和工作和生活所带来的压力和倦怠。

戴尔·卡耐基在《成功之路》一书中有一个公式：成功 =15% 的专业技能 +85% 的人际关系和处世技巧。良好的人际关系可以增强学校集体的凝聚力，使人愉快，工作效率提高。交往中如果出现恶劣的人际关系，人们将心里不安，情绪紧张。造成的恶果是：或者关系疏远，组织涣散；或者各不相让，互相决裂；或者彼此敌视，互相攻击。小则不利于身心健康，大则影响学校的发展，影响社会的和谐稳定。

建立良好的人际关系是解决倦怠心理的一个非常重要的方法和手段。

人际关系是人与人之间通过交往与相互作用而形成的直接的心理关系。当前的课程变革和教育更新的走向需要教师走出以前个人的、封闭化的教学模式，转而面对更广泛的人际关系，包括教师与学生的关系、教师与家长的关系、教师与行政管理人员的关系、教师与教师的关系、教师与课程专家以及社会各界人士的关系，这些人际关系不仅是相互间的联系，而且更是一种信息的交流、切磋与碰撞。

教师通过建立自己交际圈中的良好人际关系，不仅会满足各种生物学性质的需要，而且能够不断掌握学习、工作和生活的知识、技能以及符合社会要求的行为方式，并且在交际中主动地调节自己的行为。良好的人际关系可以被视为教师完善人格的一个重要标志，也是教师心理健康的重要衡量指标之一。

可以肯定地说，有着良好人际关系的教师在实际工作中是很少会出现职业倦怠情况的。

——摘自《给教师的健康书》李林英 杨红英 主编

那么，怎样才能建立起和谐的人际关系呢？

要建立起和谐的人际关系，首先就要克服教师这个群体通常存在的五种心理弱点。

■ 过于清高

这是教师的致命弱点。教师的工作环境相对来说比较封闭，视野也比较狭窄，因此，思维容易定型、刻板。另外，很多教师的生活圈子、交际圈子太小，对局外的事物无暇顾及或无从顾及，久而久之就容易缺乏自知之明。这让教师很容易变得心胸狭窄，而职业习惯又容易使他们把自己当成“真理”的化身。

■ 表面不说，背后乱说

为了评职称较劲，为了名利争斗，大部分教师整天待在学校里，容易形成“窝里斗”的心态。有很多教师甚至常常把目光盯着同事。比如，有的教师没评上先进，就会心理不平衡，告那些评上先进的教师的黑状。当真正需要大家齐心协力的时候，有些教师就会退缩，缺乏团结精神。

■ 对什么都看不惯

一些教师总是对什么事情都看不惯。而一旦真的发生什么事情，他们又会在领导面前唯唯诺诺。对什么都看不惯的老师，经常满腹牢骚，缺乏容人之心，总喜欢对别人求全责备，没有敢说敢当的精神。

■ 好为人师，刚愎自用

“好为人师”几乎是每位老师都有的职业病。职业习惯往往会导致他们不分场合、不看对象地教育人，对所有人说话都用教育的口吻。这样的教师容易给人留下爱挑毛病、计较、钻牛角尖、认死理、迂腐、教条、不灵活的印象。

■ 缺乏社会经验

绝大多数教师都是毕业后直接参加工作，基本上是出了这个校门，再进那个校门，因此，社会经验通常不足。在人际交往中，他们容易胆小怕事，处理事情的能力也很弱。

——摘自《给教师的健康书》李林英　杨红英　主编

要建立起和谐的人际关系，就要加强自身修养，深刻理解和掌握人际交往的原则。

■ 对领导先尊重后磨合。任何一个领导能做到领导职位上，都有其过人之处。他们丰富的工作经验和待人处世方略，都是值得我们学习借鉴的，我们应该尊重他们。但不是所有的领导都是完美的。应记住，给上司提意见只是本职工作中的一小部分，尽力让你自己完善、改进、迈向新的台阶才是最终目的。

■ 对同事多理解、多包容。大家在一起上班，与同事相处得久了，彼此都有了一定了解。一旦发生误解和争执的时候，一定要换个角度，站在对方的立场上想想，理解一下对方的处境，千万别情绪化。别去埋怨谁；别去指责谁；别去讥笑谁；别去憎恨谁。用理解去包容，就会给自己留一份安宁和幸福。

■ 对学生家长多尊重、细聆听。学生家长不是我们教育的对象，而是我们教育的支持者、配合者。我们应该引导家长了解、参与我们的教育工作，在尊重他们的基础上，调动家长积极参与学校教育，共同优化育人环境。家长是一支蕴藏着巨大教育潜力的队伍，他们中间很多人的素质并不低于教师，我们放下架子，经常虚心地聆听家长的建议，会不断改进自己的工作。

——摘自《给教师的健康书》李林英 杨红英 主编

如果我们把人际关系处理得很和谐，大家徜徉在和谐温馨、相互帮助、相互关爱的氛围之中，以轻松愉悦的心态去工作，那你的工作就会轻松自如，游刃有余。

6. 健康是你头等大事，要享受教育中的闲适

传统理念下，人们过多地要求教师做蜡烛，做火炬，燃烧自己，照亮别人，实在过于悲壮悲凉。老师们“鞠躬尽瘁，死而后已”，往往牺牲了自己的时间、健康，甚至家庭和自己孩子的前途，成年累月奋战在教育第一线。这样枯竭的心灵，自然会产生倦怠感。

要改变这种状况，最有效的办法就是要享受教育中的闲适。那么，什么是“教育中的闲适”呢？北京师范大学肖川教授说：

> 别将生命之弦绷得太紧，留一份闲适给自己。
>
> 闲适不是慵懒，不是无所事事的光阴虚掷。它是生命积极的存在状态，是生活意趣的尽情挥洒，是没有喧嚣与逼仄的心理空间。
>
> 急功近利时，不会有闲适；心存芥蒂时，不会有闲适；欲壑难填的人，不会有闲适；老谋深算的人，也不会有闲适。
>
> 闲适，在蓦然回首的追怀中，在悠然心会的禅意里。
>
> 理性的顿悟，灵性的升发，需要闲适；心灵的舒展，视界的敞亮，也需要闲适；创意，往往在闲适轻松时翩然而至；情趣，也每每在闲适从容中一展风采。
>
> 留一份闲适给自己，享受生命的从容与韵律。
>
> 留一份闲适给自己，聆听心灵的悸动和低语。

——选自《教育的理想与信念》 肖川著

教育的本质是让受教育者享受幸福，追求幸福。从事教育的教师应该首先享受幸福，成为幸福的人。由此，我想起了我曾经在周莉的博客中看到这样一篇文章，题目是：《享受教育中的闲适》。在此愿与大家一起分享。

教育中的忙碌是一种享受，教育中的闲适也需细细端详与品味。

如今的中国教育，负担太重，求胜心太切。在这个急功近利、喧嚣浮躁，快节奏、高压力的年代从事教育的“人类灵魂的工程师”，是不是应该先调整一下自己的心灵，用几分闲适放松一下疲于奔命的灵魂和身体？

其实，大千世界中的生命都是在一张一弛的紧张与闲适中进行着自然脉动。动物的冬眠是一种闲适，花开的前后是一种闲适，书法家创作中的飞白是一种闲适，音乐家表演的戛然是一种闲适，城市规划时留有的余地是一种闲适，紧张与闲适的有机结合构成了风景。这一切都昭示着闲适的必要。

厌恶闲适，窄化了我们的思想空间。学生有永远做不完的习题，教师是随时整装待发、全天候起飞的战斗机。连轴转，损害了身体不说，独特的教学思想、课堂上的激情何时含蓄？学生何来个性的生成、自主性的培养、思想的放飞？

缺失闲适的教育少了几分清新与安详，多了几许浮躁与嚣张。

缺失闲适的教育少了自由高效，少了创造性和个性生成，少了人格的厚重，多了几分平庸与肤浅。

于是，一群身心疲惫的教师，培养着一群目光呆滞的学生。

关注闲适，尊重闲适，享受休闲，让它调节高度紧张的身心，我们才能飞得更高，走得更远。

欲成就一片森林，闲适是土壤的空气，看似空白，却是肥力的组成部分；闲适是林间的空隙，透过阳光、雨露和风。排斥空气与空隙，就会造成土壤的贫瘠与森林的萎缩。

闲适意味着在管理工作及学习中师生较宽广的天地及更充足的个性展示，它往往与高效相伴——高效后才有闲适的时间，或闲适后才有高效的激情与精力。

享受闲适意味着科学合理安排时间，调节生活节奏；享受闲适意味着加强身心修养，宠辱不惊，安贫乐道，减少过分的名利羁绊，在喧嚣扰攘中保持一颗不断滋生教育大智慧的恬淡的心，并教会学生闲适；享受闲适意味着懂得利用闲适，创造并抓取最佳契机施教，以达事半功倍之效。

享受闲适，便是亲近教育的智慧，接近良好教育的本源。

对我们老师来说，要科学安排工作、学习和休息，做到劳逸结合。忙中偷闲，放松自我。早晨起来跑步，晚饭后散步或在闲暇之余逛街、听音乐等，这样不仅有助于缓解教师压力，也有利于教师身心健康的成长，有利于教师教学效率的提高。

四川大竹县柏林煤矿达竹五中甘国福老师说：

教师要走出封闭、学会开放，利用业余和假期自我放松，主动融入社区，积极参加一些健康有益的社区公益活动，增加业余爱好。时下，尽管国家、社会日益开放，但教育事业的特殊性，决定了教师身份是一个相对封闭的社会群体。不论是学生、家长还是社会都对教师的要求甚高甚严，教师的一言一行随时都处于社会的监控之下。工作上的压力，迫使广大教师多数时间都是过着简单而又枯燥的“教室—办公室—家”的三点式生活，社会交往面不广。因此，教师要主动打破这种封闭的工作和学习方式，积极地融入社区中去，尽力参加一些公益性、健康性的社区活动，同时业余爱好要广泛，或下棋，或跳舞，或打牌等，只要健康有益，都要努力去学，从而不断充实和丰富自己的业余生活。

教师还可以利用周末和假期积极参加一些体育锻炼和野外活动，在与好山好水的亲近中，去领略大自然的纯净与美丽，同时通过适量的早晚锻炼，也能达到强身健体、消除困顿的目的。另外，作为学校的管理者，要十分关心关爱教师，充分利用工会等群团组织经常开展一些喜闻乐见的文体活动，也能使教师调节身心，消除疲劳。

身体是革命的本钱，健康是你头等大事。

对我们来说，身体状况好，工作才能出高效；身体一旦疲劳，工作必然要低效。长此以往，如果不加调节，很容易导致职业倦怠。

要防止职业倦怠，首先要防止身体出现疲劳，而要防止身体疲劳，最有效的办法就是要享受教育中的闲适。

课后感言

对于现在的老师来说，教育教学的方式和方法已经不成问题，成问题的是老师们的心态。

作为教师，无论遇到什么情况，我们要做到阳光生活每一天。

……

人不可能没有目标，但目标过高就可能出现问题。要改变不合理的信念，确立合理的专业期待。作为教师应了解到自己事业的可能性与其限制性，而不能只是一味强调为社会培养人才的重大责任，应承认自己也是一个平凡的人，会有七情六欲、喜怒哀乐，不要因为自己的现状与预期目标相差太大而产生理想的幻灭。做一个真实的人，而不是古书上的圣贤。如果能达到“心底无私天地宽，放眼世界尽风流”的境界，这样对自己身心健康和工作都有益。

……

作为教师，我们必须学会自我调节，不要因此影响生活质量。可以适时地进行“心理按摩”，走出焦虑，自己恢复正常心态，缓解心理压力，寻求工作乐趣，增强职业满意感，也就是增加“自我效能”。生活上，给自己一点色彩。精神上，给自己一点忍耐。要用正确的理念武装自己，多看自己的优势和有利的一面，多看自己的成绩，要正确对待和克服自己的弱势、不利的一面，增强自我效能感。

……

幽默的力量是巨大的，它能给学生带来微笑、带来快乐，在愉悦中获得知识，同时也是教师赢得学生的喜爱、依赖和敬佩的重要因素。幽默是教师与学生形成良好人际关系的又一种催化剂。如果教育者能够在教育教学中运用它，学生也能够消除学习压力，轻松地投入到学习中。这也能让我们的教育工作起到事半功倍的效果。幽默是教育的智慧，幽默更是一种巨大的力量。幽默能让我们成为学生最知心的朋友，能让我们成为一个乐观的、开朗的、深受学生欢迎的教师。

……

我们把人际关系处理得很和谐，大家徜徉在和谐温馨、相互帮助、相互关爱的氛围之中，以轻松愉悦的心态去工作，那你的工作就会轻松自如，游刃有余。成功 =15% 的专业技能 +85% 的人际关系和处世技巧。教师通过建立自己交际圈中的良好人际关系，不仅会满足各种生物学性质的需要，而且能够不断掌握学习、工作和生活的知识、技能以及符合社会要求的行为方式。有着良好人际关系的教师是很少出现职业倦怠情况的。

……

要享受教育中的闲适。教育中的忙碌是一种享受，教育中的闲适也需细细端详与品味。用几分闲适放松一下疲于奔命的灵魂和身体？别将生命之弦绷得太紧，留一份闲适给自己。享受生命的从容与韵律，聆听心灵的悸动和低语。教育的本质是让受教育者享受幸福，追求幸福。从事教育的教师应该首先享受幸福，成为幸福的人。

第三课 树立崇高的职业观，学会悦纳工作

1. 我教书，我快乐

现实生活中，经常会听到有一些老师在埋怨，后悔自己做了教书匠。总是恨自己的工资太低，咋就不能多挣几个钱；总是恨自己的工作太累，咋就不能轻松点儿。其实，当老师真的挺好的，只是我们有些时候是“身在福中不知福”。

有人曾对教师职业的优势和劣势进行了分析，总结出教师职业有以下七大优势。

- 不易下岗，工作圈子中人际关系相对简单。
- 每年有寒暑假，休息时间比其他职业多。
- 桃李满天下，人脉资源广泛。
- 性别因素影响不大，无性别歧视。
- 国家加大对教育的重视力度，占政策优势。
- 属于知识分子群体，社会整体形象较好。
- 附带收入渠道多，如补课、编书等。

——摘自《教师的幸福资本》雷玲 主编

近年来，随着“科教兴国”战略的推进和《中华人民共和国教师法》的出台，“教育为本”的思想观念日益深入人心，“崇尚知识、尊重人才”的良好社会风尚日渐形成，教师的社会地位和职业声望明显提高。

新浪教育频道曾进行了一次教师职业状态的调查，调查发现，近年来，教师的职业状态发生了很大变化。

■ 教师的地位高

自古以来，中华民族就有尊师重教的优良传统。在今天这个“崇尚知识、尊重人才”的时代，教师被誉为“人类灵魂的工程师”，肩负着传授知识、开发智力、启迪心灵、铸造人格、播种文明的重任，其社会地位和职业声望明显提高。

■ 教师队伍的道德素质高

教师的职业对象是人的成长，是体力和脑力的发展，是知识的获得、智慧的增长、品德的养成。“教书育人”是教师的历史使命，“捧着一颗心来，不带半根草去”是教师无私奉献的高尚品格的写照。总体而言，教师队伍的思想道德素质处于社会领先水平，作为其中一员，一方面教师自身可以不断受到同行的启发与熏陶，在道德水准上不断得以提高；另一方面，与品德高尚的同事合作，往往能营造良好的工作氛围。

■ 职业内涵丰富且具有挑战性

教师职业是一种极富挑战性的职业，他们面对的教育对象是活生生的人，教育任务是多方面、多层次的，教师所处的教育情境也是复杂多变的，它需要每个教师灵活机智地、创造性地开展工作，在创造性劳动的过程中教师可以享受到挑战自我、战胜自我的无穷乐趣。教师的教育对象以青少年居多，在与充满朝气的青年人交往的过程中，教师可以永葆心灵的年轻，给生命带来充实和幸福，使人生永远焕发出迷人的光彩。

■ 可带薪休假，待遇好

教师具有带薪休假的待遇，一年两个多月的假期是教师加强业务进修、提高教育教学能力、从事科学研究、放松身心、陶冶情操的大好时机，相对于其他一些职业来说，教师的工作显得宽松、自由，得天独厚。同时，根据《中华人民共和国教师法》，教师的平均工资水平应当不低于或者高于国家公务员的平均工资水平，中小学教师和职业学校的教师还享受教龄津贴和其他津贴，对城市教师住房的建设、租赁、出售实行优先、优惠政策。

——摘自《教师的幸福资本》雷玲 主编

对我们来说，能够有机会当老师真的很好。

由此，我想起了北京师范大学肖川教授在《教师的职业优势》一文中的一段话：

“在当今中国，教师作为一种职业，还不具有足够的吸引力，诸如待遇不高，工作烦琐，心理压力大，劳动时间长等，这都是不争的事实。但教师这个职业仍有它的优势，那就是在认真钻研教学的过程中不断提高自身素质，对其子女的成长十分有帮助。在和学生的相处之中，在对教育的探索之中了解和研究孩子，就有可能使作为教师的我们成为一个好的父亲或母亲。虽然还没有这方面的实证研究，但凭经验大体可以得出这样一个结论：在不同的职业群体中，教师子女的成才率是最高的。”如此，教师可以为国家培养栋梁之材乃至为自己培养优秀子女，这些都是令人尊敬和羡慕的。

我们在辛勤付出的同时收获的是幸福。

当我站在讲台上授课的时候，我感到幸福，因为从学生稚气的脸上，我看到了他们对知识的渴望，以及获得知识后的那种满足；在地理活动课上，与学生们一起为家乡的发展献计谋策的时候，我感到幸福，因为我的创造性劳动有利于下一代的成长；当我看到学生们走向社会，在不同的岗位上施展才华的时候，我感到幸福，因为从他们身上，我看到了祖国的未来。正是这种幸福感，让我深深地爱上了教师这一职业，爱上了与我朝夕相处的孩子们。

爱是一棵树，从我接过教鞭的那一刻起，这棵树就悄悄地生根、发芽，最后形成了一片生命与事业的绿荫。每一片叶子，都是一份理解、一份真诚、一份鼓励、一份期待。正是这爱的力量，使我获得了一项项荣誉、成绩。我想说，是爱，对教育事业深深的爱，对学生深深的爱，造就了一个成功的我。那么我又有什么理由不保持这份执著的爱，不固守这份真诚的爱呢？

——摘自《教师的幸福资本》雷玲 主编 边慧英 语录

教育不是牺牲，而是享受；教育不是重复，而是创造；教育不是谋生的手段，而是生活的本身。

2. 赠人玫瑰，手有余香

当今，教师的压力是很大的，而班主任老师的压力毫无疑问更是无以复加的。有的人也许会说，我们如履薄冰，如牛负重，筋疲力尽，未老先衰，哪里有什么幸福？

于是，有的教师视工作为畏途，甚至有的青年教师竟然盼望早早退休。可是，有更多的教师在自己的工作岗位上兴致勃勃，精神抖擞，乐此不疲。为什么？

其实，有一个秘密一直没有人说破。外行人雾里看花不知情，内行人只缘身在此山中。这个秘密就是：赠人玫瑰，手有余香。

北京市优秀教师贾晓红说：每年的春节，到处都充满了年味：贴对联，放鞭炮，吃饺子，品年糕……此时，一个电话——几年前教的学生们聚会的电话，诚恳的邀请，欣然的应答，这不正是教师那浓浓的“年味”吗？

“年年岁岁花相似，岁岁年年人不同。”“贾老师，那个时候就喜欢和您在一起，听您讲课简直就是一种享受。您的课堂总是充满了激情和活力……”学生动情的倾诉，似乎一下子把我拉回到了几年前的课堂，勾起了我当班主任时的一桩桩难忘的往事，一个个学生的音容笑貌宛若在眼前，那时的淘气现在竟然也成了温馨的回忆，看着一个个长得又帅又漂亮的学生，我才陡然发现，自己竟然在不知不觉中也是“桃李”满天下了。在慨叹时光匆匆的同时，我当班主任的幸福感油然而生。

什么是幸福？当一个人回忆的时候，你出现在对方的记忆中，那么你就是幸福的。

您白皙的长颈上总挂着一条项链，它新颖、别致却显得庄重，它光艳、美丽却似乎负载着艰辛。课堂里，您是位出色的表演者，那条项链就成了您忠实的配角，为您的课堂带来了更多的活力。您思考问题时总喜欢抚摸它，它便像位智者，帮您解答我们不着边际的问题，面对我们迷惘而渴求的眼睛，您义无反顾地用那略带沙哑的嗓音向我们播撒爱的阳光和智慧的甘露。

说到爱，您更像位慈祥的母亲为我们付出您的全部。记得那一晚，您急忙走进教室，汗水湿透了您的衣裳，往日的端庄被那双布满血丝的眼睛取而代之，写在脸上的只有疲惫。听说您8岁的儿子正在发烧住院，您为他操劳了一天一夜之后，又回来继续工作。为了我们您忘却了劳累，留给我们的只有感动的泪水、沙哑的声音和谆谆的教诲。

我始终不解为何您的嗓子少了一分清亮，多了一种沧桑，原来那条项链的背后隐藏着答案。有一次同桌胃疼得厉害，您俯身去询问情况，可瞬间一条隐藏在项链后的清晰细长的疤痕映入我的眼帘，震动了我的心脏，霎时，我顿悟了，工作的辛劳使您失去了亮嗓，手术后没有安静的休养让您摆脱不掉那喑哑之音的折磨，而天生的疤痕体质又注定要让那条疤痕永远留在您身上。

老师，请原谅我没有想到您抚摸项链是在抚摸隐隐作痛的嗓子，请原谅我笨拙的嘴，除了感谢外，不知该对您说些什么！

每天我们在书山中拾级而上，在学海里共济同舟，您让我们用心去弹奏人生的乐章。尽管您也有亲人儿女，尽管您也为家庭琐事而忧，但您内心的忧虑却从不写在脸上。给我们的只有那张灿烂的笑脸和不变的慈祥。

风依然，项链也在摇荡，它是智慧之神，它是爱的天使，它带我们走进知识的源头，漫游在爱的海洋。那条项链您仍戴在项上，而您爱的光芒早已将那疤痕映衬得暗淡无光，我们这些幸福学子正等待您去迎接我们献给您的那片桃李芬芳。

这是一个远在美国的学生在教师节写给我们区优秀教师张艳红的一封电子邮件。全文倾诉着对班主任老师的依恋和感激。还有什么比这更珍贵的呢?

“赠人玫瑰，手有余香。”在这么多年的辛苦奉献中，我们这些当老师的和学生一起欢笑、一起流泪、一起沉思、一起震撼。教师的幸福就在课堂上学生闪亮的眸子里，就在活动中学生成长的心灵里，就在探究中学生发展的智慧里，就在学生成功路上沉甸甸的收获里。

3. 关爱学生，幸福自己

幸福，这是每一个人的根本追求。但是幸福是什么，又常常让人感到困惑，不但有“身在福中不知福”状况的存在，也会有“不在福中却称福”的事情发生。

山东省昌邑市奎聚街办李家埠一中李瑞婷老师说：

优秀教师之所以对自己所从事的职业充满希望，感到幸福，就是因为他们都具有关心爱护学生的良好美德和思想境界。他们把关爱学生作为自己生活的重要组成部分，作为自己主要的精神生活和精神世界，正因为如此，他们才能够从工作中获得乐而忘忧的源源不断的动力。优秀教师的成功经验告诉我们：做教师要克服职业倦怠感，获得幸福感，就要学会关爱自己的学生，使自己在关爱学生中，在学生的成长中获得快乐与幸福。

关爱学生是对学生的成长寄予良好期待的态度和行为。它不同于一般的对学生的尊重和信任，而是高于对学生的尊重和信任。关爱学生，就要求我们：经常把学生放在心上，体察他们的酸甜苦辣，关心他们的学习、生活、为人、处世等各方面的健康发展，同情学生的痛苦与不幸。当学生的身心、人格尊严和合法权益受到损害时，能够挺身而出。当学生遇到困难或挫折时，能够给予及时的鼓励，帮助学生解决实际问题，努力使他们成功……总之，一句话：一切为了学生！与学生同喜，与学生同忧。

当过老师的教育部部长周济寄语广大教师：“当老师的，要真正把教书育人作为最幸福的事情。”的确，只有我们树立了关爱学生的情感和信念，并将其作为一种自觉行动落实于日常教育教学活动当中，我们才能做出优异的成绩，才能为学生所爱戴，才能为社会所称道，才能真正从中体验到做教师的幸福与快乐。

人们常常把教师比喻成“蜡烛”和“春蚕”，把这样的比喻用在班主任老师身上最恰当不过了，而且这样的比喻流行了很多年，但这些年来人们渐渐地不说了，为什么呢？有这样一种说法：蜡烛和春蚕，意味着奉献和牺牲。而教师的工作是无私奉献和牺牲，他们在辛勤工作的同时也成就了自己，他们照亮了别人也使自己获得了成功。这样的解释有一定的道理，可以激励教师去完善自我、发展自我，攀向更高的工作和人生境界。但是，实事求是地说，又有多少一线教师能获取那些所谓的成功？众多默默无闻的普通一线老师，他们的劳动和付出又该如何定义呢？

其实，他们也同样是卓有成就的成功者和幸福的劳动者。说他们卓有成就，是因为他们用自己的肩膀把一茬一茬的学生送进了高一级学府，在自己的岗位上完成了教职赋予他们的使命。说他们是幸福者，是因为他们在日常的普普通通的劳动过程中，收获了只有他们自己知道的心理愉悦和美感体验。

今天，在楼道中穿行，听到教室里“祝老师节日快乐”的声音一浪高过一浪，突然感到教师节是个感恩的日子，回想平时自己总是教育学生要学会感恩：“感谢父母给了你生命，感谢老师给了你学识，感谢朋友给了你关心帮助，感谢学校给了你奋进的环境。”而我，在这个感恩的日子里，我要感谢的是我的学生，是他们给予我实现梦想的舞台，给予我一生难忘的财富。

我们的班就是我们的家，在这个大家庭里，种满温馨的记忆。

我们从军训一路走来，经历阳光雨露，我们一起欢笑，一起哭泣。

高中的学习生活就是一种竞争，在这竞争的日子里，我们懂得了团结，更懂得了拼搏进取。在我们班召开的“手拉手，心连心”主题班会上，我们把学习看成是一种快乐和责任，一把通向我们未来的天地的钥匙。我们共同宣誓：从现在起，要为了理想不懈努力，无论有多少坎坷，无论有多少风雨，我们都将一同走过。那一次班会使我们懂得了高中生活能像一张纸一样轻薄，也可以像大海一样深邃，像天空一样辽阔，从此，我们团结在一起，风雨同舟。

我要感谢我的学生，是他们告诉我生命就要勇往直前。

陪着每天学生们早来晚走，看着学生们一天天地进步，心里别提多高兴了。有一天，我生病了，嗓子嘶哑，很难说出话来。一天下午，我来到办公室，桌上多出几盒治嗓子的药，没有留名，只有一句祝福的话：祝老师身体早日康复。至今，我仍不知道是哪位同学送给我的，但是望着五十多双关心的眼睛，我知道，这是每一位同学的心意。从这件事上我体会到了用真心去爱你的学生竟能得到如此丰厚的心灵回报，而这是只有我们教师才能拥有的精神财富。

我要感谢我的学生，是他们带给我无尽的感动与甜蜜。

每当我和学生在书山上盘结而上，在学海内同舟共济，心灵交会碰出的火花让我的世界更加阳光，是学生感染了我的生活，我常常为他们激动、忧心、欣慰，在这里，我也要说一声：同学们，谢谢你们，谢谢让我分享你们生活的原味。

耿耿园丁意，拳拳育人心；身于幽谷处，孕育兰花香。

我要感谢我的学生，他们将成为我一生的财富。

在我看来，都说当老师很累，这个“累”除了工作繁忙之外，更多地在于老师心理上的沉重负担，而且“心累”远胜于“身累”。领导的评价、同事的议论、家长的要求以及学生的意见，往往都会成为老师心理上的负担。当然，使老师们“心累 ”的因素还有很多，比如在教育过程中的种种难题、升学率的压力以及来自社会对老师过高的期望值，等等。关键是我们如何看待和如何对待的问题。

这是我们区的张占国老师写的一篇教育随笔，题目是：《有一种爱叫你中有我，我中有你》。

今天，站在这里，和大家谈我和我的班集体，心情非常愉悦，因为我喜欢我的班集体，我爱我的学生们，我有很多的故事想让大家和我一起分享，两年的班主任生活在漫长的职业生涯中，很短，但这两年的经历却坚定了我一生的目标，我要和我的学生们一起圆梦。

我是大学毕业后回到母校工作的。在这所具有近80年历史的校园中我度过了我的中学时代，是这里的文化底蕴滋养了我，是这里的老师让我立志将来也要做一名教师。我的中学时代也很苦，很累，但一走进校园，当“让生命的相遇充满惊喜，让神圣的课堂充满智慧”的标语映入眼帘时，浑身就有了劲，一想到班主任老师常说的“送走一届学生，铸就一座丰碑”这句教师宣言时，我就有一种光荣感。我的班主任是一个非常快乐的人。别人把教师比做蜡烛，总是体味被燃烧的痛苦；她把老师比做大地，让所有的花朵在自己的怀抱里长出；有的老师把自己比做春蚕，总是感受那吐丝的艰难；她把教师比做大海，让千万只船儿在海面上扬帆；有人把老师比做父母，总是感受那劳作的艰辛，我的班主任把老师比做晴朗的天空，让学生们像风筝在蓝天飞舞。我梦想着自己有一天和我的班主任一样放飞快乐。

如今，我走上了三尺讲台，我每天的日子都过得很精彩！我和学生们一起写班歌唱班歌；学生有了进步，我把心爱的礼物送给他们；学生有了病痛，我带他们到医院看医生；值日生做值日，我帮他们打水；宣传委写板报，我给他们画小花；为了让每一个学生都有展示自己的机会，我组织“诗歌朗诵”比赛；为了展示学生们的特长，培养学生的表达能力，我利用活动课举办“主持人大比拼”。学生们在活动中愉悦，在愉悦中提高了学习兴趣，多次考试的优秀成绩，让他们找到了学习的乐趣。

记得在学校举办的一次《我和我的职业》演讲比赛中，我被年级推荐参加决赛，会场里有我的老师和学生，快上场时，我很紧张。班长拉着我的手给我力量，生活委员把水递给我说："老师，争第一啊！"我笑着点点头，从他们的目光中，我感到了信任和希望。我充满自信，迈着大步走上讲台，身后是一片掌声。我成功了，同学们高兴地说："老师，我们就知道你一定是最棒的！"学生们的关爱让我感动。他们不是没有爱心，是我们的家庭、学校和社会给他们表现的机会太少。

今年我认识了一位聋哑学校的老师，相同的职业让我们非常自然地说起了自己的学生们。她和我一样非常喜欢自己的学生，但聋哑学生的自卑自闭心态令她很无奈。于是，我和班委会的成员商量，我们班要学哑语，我要为他们找聋哑朋友。同学们的热情是我没有想到的，这项活动得到了学校领导的大力支持。在国际聋哑日的那一天，我们班的学生们带着礼物和美好的心情走进聋哑学校，56名同学都打出了问候的手语，令对方惊喜！所有的活动没有语言，全部是用手势和眼神交流。在"友情天地中 青春共辉煌"的条幅上，贴满了心形的卡片，卡片上写满了同龄人共同的心声。

纪伯伦说过："爱不仅使爱者尊严高贵，而且使被爱者尊严高贵。"今年10月，我邀请聋哑学校高中班的学生和我们班一起参加学校合唱节歌咏比赛，比赛那天，聋哑学生们站在我们班的第一排，当《感恩的心》乐曲响起时，他们和我们的同学们一起用手语表达着：“我来自何方，我情归何处，谁在下一刻呼唤我，天地虽宽，这条路却难走，我看遍人生坎坷辛苦，让苍天知道我不认输！感恩的心，感谢有你，伴我一生，让我有勇气做我自己。花开花落，我一样会珍惜！”泪水在聋哑学生们的笑脸上流淌，泪花在开滦一中师生们的掌声中飞溅！那一刻，世界上没有了“残疾”人。

爱是一种理解了的和谐，爱是一种贴近，是一种深入。爱着，便有按捺不住的热情向往，便有牵扯情怀的无限眷恋。爱着，看山，山有情；看水，水有意；看人，人美丽。我爱我的班集体，我爱我的学生们！就让晨读的阳光，镀亮我们的背影，就让不变的关爱，为梦想插上翅膀。

我的班集体和我一样年轻，我们师生圆梦的脚步也刚刚开始，在我们的前方还会有许多风雨与荆棘，但我和我的学生们深信：爱，一定会让我们共同圆梦！

这是河北省唐山市开滦第一中学部美美老师在“河北省班主任基本功大赛”中的一篇演讲稿，题目是：《和学生一起圆梦——我和我的班集体》。读后真的很有感触。

我们教师的工作不是“春蚕到死丝方尽，蜡炬成灰泪始干”似的牺牲，而是一种享受；不是索然无味机械的重复，而是一种创造；不仅仅是谋生的手段，更是生活本身。在这平凡而简单的生活中，我们要去寻找、品味、享受教育的幸福！

4. 酸甜苦辣都有营养，成功失败都是收获

在我们的教育生涯中，每位教师都会经历各式各样的教育故事，这故事如同五味瓶一样，有酸有甜，有苦有辣。当我们回首自己的从教之路时，会感觉这一个个教育故事，其实都是人生路上的一次收获，失败中我们汲取了教训，成功中我们获得了欣慰。正所谓“酸甜苦辣都有营养，成功失败都是收获”。

> 十八年前，我和许许多多大学毕业生一样，怀着对未来的希望与憧憬，走上了工作岗位。十八年，弹指一挥间。一路走来，沟沟坎坎、磕磕绊绊、跌跌撞撞，永远不变的是对教育的执著与追求。十八年的教育生涯，对我来说，是一笔财富，我愿与大家分享。
>
> 我是从基础起步，从跋涉到探索，从初中到高中，从一名实习生到中学高级教师、优秀班主任。我感觉教育就是一片沃土，是它给了我生命，给了我活力。十多年来，我在这片沃土上生根、发芽，又在这片沃土上耕耘、收获。
>
> 记得刚走上工作岗位，我满腔热情，一心想把工作干好，但那时的我真的不知从何下手，事先做了许多准备工作，但一遇到实际问题就很茫然。总感觉大学里从课本上学到的那些理论知识在实际工作中用不上。有时生搬硬套地采用还适得其反。
>
> 怎么办？打退堂鼓？我不甘心。看到周围的老教

师们一个个工作起来是那么得心应手，我决心拜师学艺。

于是，我每天早晨很早就起床，第一个来到学校，把办公室的卫生都做好，为老师们把热水打好。让老师们腾出休息时间给我讲教育案例，讲教学方法。我当时就像小学生一样，虚心地向每一位教师求教。不懂就问，不会就学，时刻提醒自己要做一位有心人。把老教师们多年先进的教学经验记下来，并在实际工作中具体问题具体分析，把老教师们的经验变成自己的经验。同时我也把自己每天的教学案例记下来，给老教师们看，让他们点评。真是：听君一席话，胜读十年书。我当时是受益匪浅啊！老教师们的点拨使我很快找到了门道。我非常感谢那些把我引入教书之路的老教师们！我此时虽然不能一一说出他们的名字，但他们的名字永远刻在我的心上，我将终生难忘！

我就是从那时开始养成记教学日记的习惯。我与他人合著的《我的班级管理之道》《名校之门向你敞开》几乎都是我教学日记的整理。

十六年的教书生涯，我的收获很多。站在讲台上，我常常有一种“小材大用”的惶恐感，是这份神圣的职业使我卑微的生命变得无比高贵。教师是一个神圣的职业，在学生成长的过程中，教师的影响是巨大的。我们教师随意说出的一句话就可能对学生造成很大的影响。孩子们的天堂虽然美丽，但那却是易碎的水晶，需要我们教师来保护。我们教师无意间所说的话可能会一不小心就关上了一扇天堂的大门。所以，作为一名新教师，我们在教育的过程中，要时刻关注学生的内心世界，帮助他们实现自己的人生价值；要让生命的相遇充满惊喜，让神圣的课堂充满智慧。

——摘自《和谐班集体建设》 韩玲 著

多年的研究与实践，我对教育教学工作有着很深厚的情怀。我曾经在《平谷教育》上发表过这样一篇文章，题目是《当老师真幸福》，用来表达我的心声。在此愿与大家一起交流。

看着学生们给我发的一条条短信，我满眼是幸福。

“是谁把雨露洒遍大地？是谁把幼苗辛勤哺育？又是谁引导我们追求理想之光？是您，我亲爱的老师，祝您教师节快乐！”

“当教学楼染上第一线霞光，您的身影已出现在校园的走廊；当山谷停息了最后一声鸟鸣，您的身影还伴随着淡淡的灯光。千言万语化作一句话：老师，我爱您！”

“您是梯，以伟岸的身躯托着我们稚嫩的双脚一步步攀高、攀高；您是烛，以不灭的信念引领着我们不断地向前探索、探索。感谢您，我的老师！”

翻阅着我和学生们在一起的一张张照片，我满眼是幸福。

每一条短信、每一张照片都能勾起我幸福甜蜜的回忆。

最难忘的是——

“那一年，我教高二年级。那年的教师节，班里每一个同学都给我写了祝福语，并附带了他们的心里话，后来有个男同学偷偷地告诉我说：“老师，为了给你写那封信，我整整想了一个晚上。”同学们还精心为我录制了一盒磁带，里面有祝福的话语，还有为我所唱的歌，为了给我制造一份惊喜，我还曾经莫名其妙地被我的学生们“哄”出教室，后来我才知道，他们就是利用那节自习课在教室里录的那盒磁带，为了减少杂音，当一个同学讲话或唱歌的时候，其他同学都坐得规规矩矩，甚至屏住了呼吸，不敢出一点声音。那年的教师节，我是在教室里和我的学生们共同分享的那盒录音，听完后，我激动得说不出一句话。我只是向大家深深地鞠了一躬，便走出了教室，因为已经有一种控制不住的情绪在我心里涌动，已经有一种情不自禁的液体在我眼眶滑落，我为自己是一名老师而感到骄傲和自豪。”

这么多年的教书生涯，我的学生们给了我一个心心相融、息息相通的精神世界，从他们身上沉淀出我对教师这个职业的炽热激情。我永远忘不了和学生朝夕相处的岁月：第一次走进教室，同学们好奇的目光；第一次班会，同学们那掩饰不住的惊喜；第一次比赛，集体荣誉的收获和满足；第一次考试，同学们自责的泪水和轻声的叮咛……忘不了火热的军训，忘不了激情的金秋合唱节，忘不了……永远都忘不了。

这么多年来，学生们陪伴我从青年一步步走到中年，今后他们学生时代的影子还将陪伴我从中年一步步走到老年，我将是一个多么幸福的人。

每当一届学生毕业离去，我的心中总有太多的不舍。我会不自觉地回望那空荡荡的教室，总觉得这里盛满了回忆，因为我们早已把丝丝牵挂种在这间教室里。如果说在战场上瞬间成就辉煌是伟大的，那么凡俗的日子里我们默默地守候、长久地付出却更让人感受到一种忠诚的伟力。

在声声祝福里，我深知，在我的教书生涯中还有许多缺憾，摒弃世俗的诱惑，恪守内心的一份宁静；掌握现代教育教学的理论，由经验型教师向科研型、学者型教师过渡；为此，路更长，步履也会更加沉重，但我无悔。因为我是教师，我是一名班主任。

我们默默耕耘，脚踏实地，不管付出多少，只要是我们心在教育，心在学生；只要是我们坚定着教育理想，一定感觉虽苦犹甜。最终不仅可以得到学生的拥护和爱戴，也能够收获快乐。

山东省潍坊市寒亭区央子中学王维梓老师说：

那天课间，我在教室中呆坐着，想想生活当中众多的不如意，评职、考核、进修……越想自己越觉得当老师没劲，我当时的表情肯定很痛苦，不知不觉地泪水也流了下来。

一只轻盈的小手滑过我的面颊，“老师，您怎么哭了?”是我的一个学生。我一愣，慌忙擦去腮边的泪。“我们玩得多快活啊！老师，您也加入我们的游戏吧！您不是常说‘运动使人快乐’吗？来吧，来吧！”没办法，我也参加了进去。学生们的积极性一下子调动了起来，他们围着我，跳啊，唱啊，非常快活，慢慢地我被他们感染了。不知何时，微笑又回到了我的身边，我感到一身轻松。

上课了，目送着学生们进入教室，我的心情竟变得非常愉快……

走进学生中间，感受学生的朝气蓬勃、无忧无虑，与学生贴心交流，教师的心会变得非常年轻，教师也能很快地找准自己的位置，职业倦怠也会随风而逝。因为，对教师来说，学生永远是快乐的源泉。

当我们在课堂上全身心投入的时候，当我们和孩子们教学相长的时候，特别是当我们看到学生经过努力有明显进步的时候，我们更能体会到付出后的快乐，这就是教师特有的快乐和满足。

5. 教师的欢乐在所谓平淡无奇的日子里

教师的工作是辛苦的，教师的生活又是相对单调、清苦的。教师的幸福感在哪里？

江西省南康市第五小学的邱凯兰老师强调，教师的幸福在于阳光心态，重要的是心里是如何对待这个职业的。高尔基说过："工作快乐，人生便是天堂；工作痛苦，人生便是地狱。"因此，快乐工作的关键取决于心态。应放弃抱怨，用乐观的心态去面对当前的工作，把教育当做自己的信仰，那么，我们就会从这种积极转变中找到快乐。

“教师有了精神上的追求，钟爱自己所从事的职业，就会全身心地投入到教书育人中来。在这样的工作状态下，工作已不仅仅是‘养家糊口’，而是自我价值的实现。”

江苏省兴化市陈堡中心小学的朱雷云老师说：“在自我价值体现的过程中，肉体的疲惫会换来精神的愉悦，思想的富有会弥补物质的清贫。为了活着而教书与为了教书而活着，这两种境界有天壤之别！”

山东省东营石油附中钟红梅老师对此表示赞同：“能在平凡琐碎的工作中发现快乐、感受幸福的人，不容易产生职业倦怠。能常常被学生感动着，被自己激励着的老师，不容易产生职业倦怠。”

心态决定一切。如果我们能够以积极的心态来看待工作，看待生活，并积极行动起来寻找快乐，我们就会对周围世界保持新鲜感，我们就会使单调重复的工作和生活变得丰富多彩，我们就会把平淡无奇的日子过得有滋有味。

湖南省汨罗市教育局任胜老师说：

教学生活，看似枯躁乏味，实则充满着欢乐和幸福。要化平淡为神奇，就在于用心去感悟每一个日子。

当学生在人生探索之路上愁眉紧锁时，您先站在这个孩子的角度想一想。找到最佳办法后，帮他走出困惑，为他解除烦恼。“送人玫瑰手有余香”的美好境界，定会让您心潮难平。

夜阑人静，回味一天的教学生活，用笔记录下令您心动的点点滴滴，不求发表，不为炫耀，只为抒一抒美好的情愫，吐一吐心中的愉悦，留一点值得回味的素材。这样，就是一天从早忙到晚，您还是会觉得时间真是过得太快了。

即使您对教学感到相当厌烦，简直忍无可忍之时，也不妨试一试“假装”哲学的妙用。当您“假装”对教学充满激情，无限热爱之时，您倦怠的情绪就会被抛到九霄云外，在不知不觉中爱上学生，爱上教学，爱上与自己的心灵对话。那时，再大的倦怠都会烟消云散，您会由衷地感到：当一名人民教师真好！

可以这样说，没有任何一个职业，如教师一般，面对的永远是活泼的生命；没有任何一个职业，如教师一般，总有一种力量在逼促自己前行；没有任何一个职业，如教师一般，虽两袖清风，却为自己留一份洁净的心境。如果我们把教书育人看做是最幸福的事情，就会在工作中获得快乐，就会在工作中产生满足感和成就感。

北京市优秀教师赵东东说：走在上下班的路上，一声声“老师好”带给我愉悦的心情，一天的工作就会在快乐中开始。就是再苦再累也觉得特别高兴。“老师：您最近工作忙吗，身体还好吗？……”每次读学生来信的时候，那种感觉就是一个美。

北京市优秀教师王小慧说：“‘老师你好，我放假了，来看望您，您最近还好吧……’学生放假了，来学校看望我，我这心里别提有多高兴了。特别是当学生拿着通知书来到我面前，对我说，‘老师，我接到重点中学录取通知书了’，‘老师，我考上某某大学了’。我心里就跟喝了蜜一样，那叫一个甜。”

北京市优秀教师王晶说：“有一次，走在路上，突然有人跟我打招呼，抬头一看，就觉得有些面熟，没等我说话，他说是我的学生，是哪哪届哪哪班的，我们一起拉起当年的往事，他还说在哪节课上我讲到了哪个问题，他现在还记忆犹新，并且还对他的人生之路起到了一定的作用。我就特有成就感。我就觉得当老师吧，尤其是当班主任，真的比干什么都要好。

对我们来说，真的得换一种心态当老师。换一种心态当老师，你会善待每一位学生，你会精心准备每一节课，你会珍惜每一次学习机会，你会宽容生活中的每一个人……换一种心态当老师，你就会找到陶行知先生所说的教育的快乐。

换一种心态当老师。打起精神，整理好自己的情绪。只有走在追求理想的路途中，只有在发展学生的同时发展自己，才能在日常琐碎的工作中找到自己的幸福。

6. 平平淡淡的从教之路也能走出厚实的心灵之旅

我们这些当老师的也许不会像政治家那样受人推崇，也许不会像经济学家那样受人羡慕，也许不会像科学家那样受人爱戴，我们注定要一辈子平平凡凡、默默无闻。但我们所关注的是一个个鲜活的生命，我们所关注的是宇宙万物最神圣、最神秘、最具活力的对象。我们是把祖国的昨天、今天和明天能够连接起来的人格和智慧的桥梁。我们的劳动成就了学生，我们的劳动能够"使自卑的心灵自信起来，使懦弱的体魄强健起来，使狭隘的心胸开阔起来，使迷茫的眼睛亮起来。让愚昧走向智慧，让弱小走向强大……"得天下英才而教之，青出于蓝而胜于蓝，这既是教师的责任，更是教师的幸福。

毕淑敏在《提醒幸福》中说："我们的神经敏感于不幸和灾祸，却迟钝于幸福。幸福常常在我们眼前一晃而过，我们却视而不见，有时幸福在我们眼前长久停留，我们却熟视无睹。"是的，作为教师，在单调和重复性的工作中，我们往往缩小快乐，夸大辛苦；压抑优越，张扬卑微。其实，只要对幸福有足够的留意，你就会发现，幸福是那么密集地泼洒在我们的岗位上，是那么频繁地撞击着我们的心灵。

今天是我的生日，我像往常一样去上课，刚到教室，眼前不由得一亮，目光一下子被讲桌上那一片盈盈绿色吸引过去。那是一盆刚浇过水的吊兰，一簇簇枝叶，如同一只只细长的小手散开五指，远远地伸出，像要接住什么似的……我的心猛然被触动了。

盛吊兰的盆子用纸装饰过，仔细一看，上面画了一双托起一群白鸽的大手，旁边写着："祝美丽的老师生日快乐，天天开心！"我的眼睛湿润了，我可爱的学生们，他们怎么知道今天是我的生日？他们腼腆羞涩，不会像城里的学生那样高声地喊“老师，我爱你，老师生日快乐”，也没有为老师买什么礼物。他们是那样的淳朴，用自己的方式默默表达着对老师的爱和祝福。但我却感受到了他们一大清早就轻轻地把吊兰放在讲桌上期盼着我到来的那份迫切心情，听到我说“谢谢同学们”，他们羞涩地低下了头，天真的脸上写满了欢喜与满足。仅仅是老师的一个微笑，对他们来说已足够。他们的眼睛那样清澈，清澈得让我几乎可以一眼看到他们那一颗颗炽热的心；他们的笑脸那么无邪，无邪得让我汗颜！我做了什么，竟赢得了这些炽热的心，拥有了这些无邪的笑！叶子上滚动着的一个个水珠，仿佛孩子们那一颗颗晶莹剔透的心，瞬间洗去了我心灵上倦怠的尘土，取而代之的是一抹绿。

猛然发现，我忽略了身边的很多幸福：校园里，孩子们一声真诚的问候；走廊上，孩子们一个侧身谦让、一个注目礼，课堂上，孩子们那充满期待的眼神；音乐室旁，“老师，我来帮您提录音机……”“老师，我帮您拿课本”，孩子们争先恐后地想为你做点事；办公室里，“老师，您嗓子哑了，歇会儿吧”，孩子们那发自内心的关怀……

我想说，和孩子们在一起的每一天都是闪亮的日子，常常提醒自己发现身边的幸福，就像在寒冷的日子里经常看看太阳，心就不知不觉变得暖洋洋、亮堂堂。怀着一颗感恩的心，做一个幸福的老师，幸福地做老师。

这是我在《班主任》杂志上读到的山东省乳山市第二中学张金玲老师的一篇文章，题目是:《发现身边的幸福》。

什么是幸福？幸福它不取决于得到了多少回报，不取决于人们的生活状态，而取决于人们的一种心态。

我教，我快乐！因为我爱我的学生！他们是我一直都在孜孜以求的心灵的风景：这里有露珠，那是少年闪烁的童心；这里有溪流，那是少年纯粹的激情；这里有鸟鸣，那是少年真诚的呼唤……夜晚，每当我凝望着璀璨的星空，我仿佛看到“希望工程”宣传画中小女孩那明亮的双眸。顾城“黑夜给了我黑色的眼睛，我却要用它来寻找光明”的歌唱便在遥远地天籁回响，坚定地激励着我追逐我的教育之梦。面对着如花的少年——这些未来的爸爸妈妈在自己眼前快乐地成长成人。作为教师，意味着亲历“创造”过程的发生——恰似亲手赋予一团泥土以生命，赋予一个生命以色彩。没有什么比目睹这一奇迹更加激动人心。历经过多少平平淡淡而又真真切切的春华秋实，我心中常常默念艾青那句著名的诗句：“为什么我的眼里常含泪水，因为我对这片土地爱得深沉。”是的，正是对学生深沉的爱，才使我对教育如此多情！

我教，我快乐！因为我喜欢我的教学，教学是始终建筑在一种动态生成基础上的职业。教学文本的丰富多彩，教学理念的与时俱进，教学主体的变化更新，使课堂教学充满活力充满魅力充满流变充满挑战。正如古希腊一位哲人说过的“一个人不能两次踏进同一条河流”一样，一个教师也不可能两次踏进同一个课堂。教师与学生的心态在变化，知识与经验的积累在变化，课堂的物理空间也在变化，所有这一切，都时刻挑战着教师的智慧和情商。我喜欢变化，喜欢这变动不居的课堂；我喜欢挑战，挑战中我可以充分享有“犯自己的错误，得自己的教训”的自由，挑战中可以享有评价自我和我的学生的自由。

我教，我快乐！因为我在课堂上喜欢向我的学生们提问，也更喜欢学生们向我质疑！在这样的双向互动的过程中，我能真切地感受到师生间思维碰撞的精彩绝伦，灵性复苏的拈花微笑，创造之花的灿烂绽放，诗意才情的纵情流淌。正如所谓“如听仙乐耳暂明，心有灵犀一点通”激动人心。当你面对着这样的情景：苦思苦想时的眉头紧锁，豁然开朗时的小眼放光，渴望发言时的小手直举，各执己见时的小脸通红，对答如流时的小嘴常开……此时此刻作为老师，你能不为之欢欣？孩子们的声音是那样童真无邪，回答是那样富有哲理，思想是那样淳朴自然，错误又是那样妙趣横生……此时此刻作为老师，你能不为之陶醉？当提问成为一种乐趣，质疑成为一种习惯，那么沟通便成为相互间的一种向往，而沟通的达成则成为一种精神上最大限度的满足。

我教，我快乐！因为我酷爱读书！“断竹，续竹。飞土，逐鹿”的尘嚣和张扬是我所退避三舍的，我追求的是“读书，教书。春雨，润物”的那种“青灯黄卷映傲骨”

的人生境界。古希腊那位一生都在木桶里晒着太阳读书的哲学家狄奥根尼先生面对帝王亚历山大的问候回之以："站开些，别遮住我的阳光！"这故事令我震撼。这句话充溢着因读书而带来的彻骨的快乐和读书人的傲岸。让我看到了作为读书人的崭新境界。我爱读书，因为就像汽车是我们双足的延伸一样，书籍是我们目力的延伸、大脑的延伸、心灵的延伸、感官的延伸；我爱读书，因为处在阅读状态中的人最宁静最从容最美丽——无声的铅字敞开在那里，你可以是被邀约的客人，可以是从容的主人，你可以自由地进出，你可以自如地思索；我爱读书，因为一卷在手，可以使陋室生春红袖添香。一卷在手，可以与屈子同愤与太白同醉与东坡同发少年狂。一卷在手，可以在爱默生的书中寻觅自己的思想，在莎士比亚的剧本中读到自己的表情，在但丁的诗行里发现自己的形象……我爱读书，一个最直接的原因是因为我教书，一个坚定的信念在鞭策着我——我不能误尽天下苍生，我不能以己昏昏而使人昭昭！

我教，我快乐！因为我乐于在教育理论的象牙塔里徜徉！去追寻我思故我在的哲学意蕴，追寻我教故我在的生命之根，追寻我的放飞学生心灵的灵感，追寻我的点燃学生激情的火把，追寻使自己和学生得以走出这座象牙塔的途径……驻足在深远如哲学之天地，高华如艺术之境界的教育理论长河中，我曾聆听夸美纽斯的《大教学论》，体验亚米契斯《爱的教育》，吟诵马卡连柯的《教育诗》，我曾接受苏霍姆林斯基《给教师的一百条建议》，和巴班斯基《论教学过程最优化》，和杜威对话《民主主义与教育》，和罗素畅谈《教育与美好生活》……大师们思想的潮水越过遥远的时空一泻千里滚滚而来，他们文章道德的严谨崇高，思想品质的致远深邃，理论架构的苦心孤诣，语言文字的精金美玉，时刻激荡着我并启迪着我的心灵。水尝无华，相荡乃成涟漪；石本无火，相击而成灵光。正是由于与大师们思维的碰撞，情感的共鸣，才使得我心智聪颖，人性升腾，才使得我的课堂教学充盈着人文的光华……

我教，我快乐！因为我迷恋母语教学的情感真挚智慧圆融意境深远的诗意。母语教学于我不仅是一种工作，一种喜爱，更是我的一种生命形态，一种诗意存在。在这如空中之音相中之色水中之月镜中之象的母语教学中，我努力建构着永远直面学生心灵的精神家园。在那里，我和学生们同感动同感悟：看春花秋月，感喜意盈怀；观惊涛骇浪，慨壮怀激烈；听高山流水，叹知音难觅；唱大江东去，抒英雄豪情……我和学生们同切磋同琢磨：去领会“骏马，秋风，塞北”的阳刚和“杏花，春雨，江南”的阴柔；去领略唐诗宋词赋予母语的千古风流；去领悟历史之于真实科学之于严谨的独特魅力……“请将你的脂膏，不息地流向人间。培出慰藉的花儿，结成快乐的果子。”闻一多的《红烛》诗句像一支红烛洞彻我的精神世界，点燃我的信念之火。让我明白什么是执著自己应该执著的，放弃自己应该放弃的——我愿化身为林清玄笔下的那只感性的蝴蝶，诗意地栖居在母语的绿洲，做一个智慧与深情并美的人。去享受“面朝大海，春暖花开”的幸福，去享受“随风潜入夜，润物细无声”的快乐，去享受“众里寻他千百度，蓦然回首，那人却在，灯火阑珊处”的人生境界！

很多教师都在埋怨自己，后悔自己做了教书匠。我也曾后悔啊，想当初学习那么冒尖，可却偏偏选择了师范，注定此生与学生拴在了一起。也曾恨自己咋就不能多挣几个银子，恨自己咋就这么累。

可有时候静下心来问自己，你离得开这些学生吗？你除了教书还能做什么？的确，我除了教书还真的什么都不会。离开了孩子们，我可能真个就“架空”了。

快二十年了，我已经习惯在我教书的轨道上行进，一旦脱离了节奏，我无法想象我会飘游到哪里。习惯了忙忙碌碌，习惯了与学生一起欢笑，一起思索……

孩子们迷茫时，我看出了他们渴求的眼神；孩子们成功时，我分享着他们快乐的甜蜜；面对我的学生，面对学生家长，我突然感觉到了自己的伟大。呵，当初选择这一职业的时候，是否因为羡慕享有当“头”的特权啊。

我的四分之一生命已经奉献给了我的这份事业(其实说职业更恰当，但我认为是事业，伟大的事业)。我应该感谢这么多年来，这么多孩子陪伴我从少年一步步走到中年，然后还会有很多孩子继续陪伴我步入老年……

我还有什么可埋怨的？世界上再多的物质财富都会被挥霍掉，而我的财富是无价的，因为我教，所以我快乐。

——快乐是永恒的财富。

这是我几年前在《中国教育报》上看到的江苏省特级教师李响写的一篇文章，题目是《我教，我快乐》。

我们播下的是种子，收获的是希望，这就是我们教师平凡而伟大之处。给孩子们一丝阳光，他们看到的就是一片光明，平平淡淡的从教之路也能走出厚实的心灵之旅。

课后感言

近年来，随着“科教兴国”战略的推进和《中华人民共和国教师法》的出台，“教育为本”的思想观念日益深入人心，“崇尚知识、尊重人才”的良好社会风尚日渐形成，教师的社会地位和职业声望明显提高。

……

什么是幸福？其实，幸福就是一种感觉。当一个人回忆的时候，你出现在对方的记忆中，那么你就是幸福的。

……

“赠人玫瑰，手有余香。”在这么多年的辛苦奉献中，我们这些当老师的和学生一起欢笑、一起流泪、一起沉思、一起震撼。教师的幸福就在课堂上学生闪亮的眸子里，就在活动中学生成长的心灵里，就在探究中学生发展的智慧里，就在学生成功路上沉甸甸的收获里。

……

我们教师的工作不是“春蚕到死丝方尽，蜡炬成灰泪始干”似的牺牲，而是一种享受；不是索然无味机械的重复，而是一种创造；不仅仅是谋生的手段，更是生活本身。耿耿园丁意，拳拳育人心；身于幽谷处，孕育兰花香。在这平凡而简单的生活中，我们要去寻找、品味、享受教育的幸福！

……

不论哪类教育故事，其实都是你人生路上的一次收获，从失败中我们汲取了教训，从成功中我们获得了欣慰。正所谓“风霜雨雪都是甘露，酸甜苦辣都有营养”。只要是我们心在教育，心在学生；只要是我们坚定着教育理想，一定感觉虽苦犹甜。最终不仅可以得到学生的拥护和爱戴，也能够收获快乐。当我们看到学生经过努力有明显进步的时候，我们更能体会到付出后的快乐，这就是教师特有的快乐和满足。

……

以积极的心态来看待工作，看待生活，并积极行动起来寻找快乐，我们就会对周围世界保持新鲜感，我们就会使单调重复的工作和生活变得丰富多彩，我们就会把平淡无奇的日子过得有滋有味。虽两袖清风，却为自己留一份洁净的心境。在日常琐碎的工作中我们能找到自己的幸福。

……

我们注定要一辈子平平凡凡、默默无闻。但我们所关注的是一个个鲜活的生命，我们所关注的是宇宙万物最神圣、最神秘、最具活力的对象。我们的劳动能够“使自卑的心灵自信起来，使懦弱的体魄强健起来，使狭隘的心胸开阔起来，使迷茫的眼睛亮起来。让愚昧走向智慧，让弱小走向强大……”得天下英才而育之，青出于蓝而胜于蓝，这既是教师的责任，更是教师的幸福。我们播下的是种子，收获的是希望，这就是我们教师平凡而伟大之处。给孩子们一丝阳光，他们看到的就是一片光明，平平淡淡的从教之路也能走出厚实的心灵之旅。

第四课

提高自身素养，学会自我调节

1.独特的个人魅力就是你的一张名片

所谓魅力，从心理学的角度来说，就是一种悦人心目，牵人情思的吸引力，一种扣人心弦，激励追求的感染力。

有位学生在评价自己老师的时候这样写道：“老师着装得体，举止、言谈大方、合宜，性格开朗、热情，真诚地对待每一位学生。走上讲台带着真诚的微笑，吐字清晰，用词准确，且嗓音洪亮、铿锵抑扬，使所有学生听得真真切切。我体会到了一种为人师表的特征的美——教师美。”

“真的，我深深地为他的谈吐所折服。作为一名优秀教师，他已经超越了职业限制，他把教学作为人生的一大乐事，他不只是传道、授业、解惑了。他在教学中教会了我们如何做人，如何做一名高尚、完善的人。我们都喜欢上他的课。”

教师独特的个人魅力对学生的个性品质的形成和发展起着至关

重要的作用，教师独特的个人魅力一旦形成，就会富有强大的吸引力与感召力，就像是一块“磁石”一样，牢牢地把学生吸引住。那么，教师独特的个人魅力来自哪里？

教育部长袁贵仁说：“高尚而富有魅力的师德本身就是一部活的教科书，就是一股强大的精神力量，学生耳濡目染，对学生潜移默化，使学生受益终身。”

师德最本质的内涵是老师的爱，爱是师德的灵魂。师爱中蕴涵着教师对教育事业和学生的一种博大而深沉的爱，它是教师高尚情感的结晶，是热爱教育事业的具体体现，是一种巨大的教育力量。

只有善良慈爱的老师才会平等地善待每一个学生，他们不会因为学习成绩的好坏与家庭背景的不同高看或歧视某些学生。在他们的心里，教好每一个学生是老师的天职，因而他们胸怀博大，容得下性格脾气各不相同、兴趣爱好互有差异的学生。

他们不仅是学生的良师，也是慈爱的长者，更是学生的知心朋友；他们不仅关注学生的学业成绩，也关心学生的思想品德与行为习惯，更把学生的喜怒哀乐放在心间。

教师的魅力来源于教师高尚的师德。

我国著名教育家陶行知先生说，教师是“捧着一颗心来，不带半根草去”，指的正是教师的奉献精神。人们也常用“春蚕到死丝方尽，蜡炬成灰泪始干”赞美教师的奉献精神。做一名有魅力的教师就应能舍弃一些东西，适当牺牲自我，做扶持后人的人梯。

他们不是仅仅把教书看成谋生的手段，而是全身心地投身其中，将教书育人视为崇高的职责，并从中享受着人生的乐趣。他们以自己的真诚去换取学生的真诚，以自己的正直去构筑学生的正直，以自己的纯洁去塑造学生的纯洁，以自己高尚的品德去培养学生高尚的品德。

教师的魅力还来源于对事业的忠诚和无私的奉献。

所以，对我们来说，一定要注重内外兼修，提高自身素养，做学生的人生导师。

优秀教师必须具备以下五种基本的心理能力——

■ 角色适应力

这种能力是教师教书育人的基础。具备现实角色应有的心理素质，能适应千变万化的社会和学校环境，是教师做好教育工作的基本条件。

教师能否胜任“教书育人”这一社会职业角色，关键在于教师能否适应角色转换，能否适应教育思想观念、工作方式、人际关系、生活环境等方面的变化。

■ 心灵感悟力

这种能力是建立新型师生关系的基础。心灵感悟力是一个人对自己或他人的心理感受能力。我们不难发现，心灵感悟力强的教师不仅能读懂自己的心声和体验，而且能很好地破译学生的心理感受。他们特别善于通过学生的外显行为，迅速、准确地理解学生的最初感受和行为动机，并及时给予帮助和鼓励。他们容易走进学生的心灵世界，能理解学生，宽容地对待学生。这类教师容易与学生建立民主、平等、和谐的新型师生关系。

■ 情绪控制力

这种能力是教师为人师表的基础。控制力强的教师，可以为了实现长远目标而牺牲既得利益，可以为了追求教育效果而不计较眼前的得失。他们通常以积极的情绪状态投入到教育教学活动中，目标坚定，行动果敢。

通常情况下，教师处理问题时的情绪化倾向，会对学生产生意想不到的影响。如有的教师心情烦躁时，往往迁怒于工作，喜欢拿学生出气。这种连自己的心情都无法把握的教师，是不可能很好地为人师表的。

■ 心理承受力

心理承受力是指个体抵抗既定事实或意外打击的能力。世事沧桑，很多事情难以预料，但是，一个能够抵抗住命运挑战的人，无论是承受苦难还是经历幸福，都不会气馁或忘形，这种人在生活中既经得起赞扬，也受得住委屈，他们往往是逆境中的强者，顺境中的智者。

对教师而言，通常需要协调学校、社会、家庭和学生四个方面之间的关系，协调过程中难免会遇到一些问题。这种情况下，需要教师去寻找解决问题的方法。教师的心理承受力对问题的解决有重要影响。

■ 教育表现力

每个人都有一种表现自我，以获得认同甚至超越他人的本能倾向。这种心理现象反映到教师职业中，就表现为教师的教育表现力，这是教师个人的本能倾向在教师职业的专业化过程中的发展。一般而言，教育表现力强，不仅意味着个体敢于展示自我，更意味着教师在职业工作中善于发展自我。有观点认为，教育表现力既凝聚着教师个体对教育教学技能的掌握，也凝聚着教师个体自我意识的成熟，是教师自尊、自信、自强、自立的集中体现。

综观近年来成长起来的优秀教师，他们的角色适应力、心灵感悟力、情绪控制力、心理承受力、教育表现力等都超越了普通教师。心理能力是可以培养的，但并非一朝一夕就能锻炼出来的。亲爱的老师们，让我们了解自身的心理能力，进而着手提高和改进自己！

——摘自《教师的幸福资本》 雷玲 主编

教师独特的个人魅力就如同名片一样，教师一旦具备了这种个人魅力，无形之中就增加了学生学习的动力，给学生带来思维的启迪。学生就会“亲其师，信其道”。

2. 加强学习，别让自己不胜任

随着现代教育的发展，新课程观念、素质教育观念对教师的教育理念产生了强烈冲击，对教师的素质提出了更高要求。许多教师的知识水平、知识结构、教育教学策略、教育理念等越来越不适应教育发展的需要。

山东省安丘市贾戈街道中心小学张秀梅老师说：

要克服职业倦怠，就要解决“有心无力”的问题。

所谓“有心无力”，是指某些教师虽然有着较高的思想道德素质和工作热情，事业心也比较强，但是，或因系民办转公办未接受系统的正规教育，或因身处偏僻乡村很难接触新信息、新理念、新经验，或因学校和家庭比较困难，现代教学手段无条件应用，因而功底浅、知识少、能力差。虽然这部分教师主观上有“一腔热血”，但在具体教学上总是“捉襟见肘”，乃至与表扬无缘、与奖励无分，成绩上不去。久而久之，棱角磨平，干劲消减，于是自甘平庸，沦为职业倦怠一族。对于这部分“有心无力”者，最好的办法是实施“助力工程”：或通过有关部门加大教育扶贫力度，改善学校办学条件；或把这类教师分期分批送出去培训充电，打牢他们的知识基础；或多让他们参加上级业务部门举办的教研活动，培养其“传道、授业、解惑”的能力；或有意识地在评先树优中给其一席之地予以激励，使他们通过不断的成功，积小胜为大胜，在自己文化知识、业务能力、理论功底都不断得到提高的同时，重新树立信心，告别平庸，从而消除职业倦怠，并以更加饱满的热情和高涨的干劲，投入到教学工作中去，取得思想教学双丰收。

现在这样一个信息网络化的时代里，学生知识的网络化，思维方式的立体化以及广阔的视野也给教师的教育教学管理带来前所未有的冲击，教师陈旧的知识不能够充分应付学生的新知识、新能力，这种尴尬的境地让教师很难适应。

现代社会飞速发展，新的知识层出不穷，如果我们不学习，就跟不上时代的步伐。而现在的学生好奇心强，求知欲旺盛，特别喜爱接受新鲜事物，如果我们不学习，就会与学生之间产生代沟，而且代沟会越来越大，越来越深，教学效果会越来越差。最后，就会被淘汰。

新的教育理念认为，我们处于一个信息化的时代，一个需要终身学习的时代，一个需要每个人都具有终身学习的愿望和能力的时代。

西方白领阶层流行这样一条“知识折旧律”：“一年不学习，你所拥有的全部知识就会折旧80%。”在当今知识爆炸的时代，学习成为每个人永恒的话题。

新的教育理念认为，我们处于一个信息化的时代，一个需要终身学习的时代，一个需要每个人都具有终身学习的愿望和能力的时代。

在新课程背景下，课程的综合性增强、知识面拓展、课堂要求提高，这无一不是对教师提出的挑战。教师自身知识储备能否适应这些变化，能否满足学生的要求，成为教师面临的第一道难题。

亲爱的老师，你也许有这样的体会：面对急剧发展变化的社会环境和教育对象，唯有终身学习，方能适应不断变化着的要求，方能胜任教学工作。

教师终身学习的内容有很多方面，但主要应该加强以下四个方面的学习。

■ 学习、研究教育科学理论知识

苏霍姆林斯基说过，教师不懂得教育学和心理学，就如同一个心脏专科医生不了解心脏构造一样。对教育科学理论的研究和学习，是教师掌握教育教学规律的必要前提。教育学、心理学等理论是教师必读科目，教师通过学习教育科学理论，并将其与自身教学实践相结合，必然能为自己的教学实践注入新的活力，提高自身的教学技能。

在掌握教育科学理论、遵循教育规律的同时，当代教师必须始终朝着教会学生学习的目标实施教学，在此过程中，应努力学习和研究教育科学理论知识，始终做到及时更新教学知识。

■ 加强专业知识学习

教师工作的主要职责是教育学生，提高教学质量，促进学生全面发展。教师职业的学习以自己的专业发展需求和专业知识技能的提高为本，应不断优化自己的专业思维理念，完善自己的知识结构，从而更好地胜任教学工作，创造性地解决在教学实践过程中遇到的各种困难和问题，使自己成为更加优秀的专业教师。这决定了教师为教而学，其学习是为了更好地教，是为了让学生更好地学，也是为了更为科学有效地教学。

专业化背景下教师的学习基于社会发展的客观现实的专业要求，更是基于教师个人的主观选择和价值追求，教师要持续不断地发展自己，必须也必然进行持续性、终身性的学习。

■ 掌握相关学科的知识

作为一名教师，仅仅懂得本专业学科的知识是远远不够的，还应努力掌握与本学科专业知识相关的学科知识，如果不了解相关的学科知识，不仅无法做到讲课时生动有趣，许多时候也无法讲清楚相关的知识点，对于学生有疑问的知识也无法解惑。比如，学生要了解一些哲学知识，教师就需要具备一些化学、生物、物理和数学等学科的知识；学生要了解一些历史知识，教师就要涉及一些自然科学以及人文地理的知识等等。

因此，新课程对我们师生提出了更高的要求，它不仅要求学生要“学会学习”，同时也对教师的学习提出了更高的要求。对于一个教师而言，其专业成长离不开知识、文化的及时更新。

■ 加强现代信息技术的学习

在信息化、知识化的时代，知识更新的速度更是日新月异。如果教师落后于时代前进的步伐，不能及时了解社会上最新的一些科学知识，就不能满足学生对新知识、新信息的渴望和好奇心，也就不能结合新的知识去问答学生的问题。这样的表现不仅会抑制学生对学科知识的兴趣和欲望，而且还会大大降低其在学生心目中的地位。

随着现代教育技术越来越多地应用于教学过程，教师从传播知识的繁重任务中解脱出来，全心投入到育人的活动中；教师也从原来处于中心地位的知识权威，转变为学生学习的指导者、合作伙伴、社会文化的诠释者、教育的研究者，更多地关注学生学习活动的设计和开发。

总的来说，教师的终身学习发展有三个主要目的："专业地位的提升""专业自主的建立"和"专业尊严的维持"。教师终身学习发展的内容相应地应包括以下内容：教师生涯规划、自我成长，能获得知识、充实自我，能实施研究、改进教学，能反省批评、自我监控。

——摘自《教师的幸福资本》 雷玲 编著

只有不断提高自身的综合素质，不断学习和掌握新的知识，尽快适应新的教学观念，掌握新的教学方法，达到新的教学要求，才能在工作岗位上站稳脚跟，也才能真正拥有心理上的安全感。

有年轻教师问一位优秀的老教师："教师应该具有怎样的修养？"

对方回答："'腹有诗书气自华'，教师除了要有学历教育之外的文化底蕴，还要有高看别人、低看自己的胸怀。"

然而，在现实生活中，大多数教师由于工作量过大、心理压力过重，没有时间和心境阅读，从而导致语言贫乏，内涵肤浅，举止低俗。

当今信息时代，要求教师具备通识特质，不仅要有精深的学科专业知识、教育专业知识，还要有广博的人文知识，具有高尚的人文精神。

教师如有深厚的文化底蕴，在教学中就能时时做到旁征博引、综合运用，使学生充分感受到人文精神的熏陶，达到教书育人的最高境界。

“腹有诗书气自华”，教师应该从以下四个方面提升自己的文化底蕴。

■ 在阅读中提升品位

“教师，想说爱你不容易。”在现实生活中，有不少教师不能以平常心对待自己的职业，喜欢抱怨工作压力大、工资低。这种消极情绪会严重影响教师的职业行为，一些教师“身在曹营心在汉”。这样的教师不读书、不学习，心灵空虚、思想浅薄。

教师如果不读书，还能去“教书”吗？对教师而言，当读书成为生活时，他才具备当教师的资格。教师只有不断地读书，才能滋润学生求知若渴的心田；只有不断地读书，才能与学生进行心灵的沟通；只有不断地读书，才能促进学生的发展。博览群书，可以让教师超越个人和校园的局限，提升自身品位。正如苏霍姆林斯基所说：“每天不断地读书，跟书籍结下终生的友谊。潺潺小溪，每日不断注入思想大河。读书不是为了应付明天的课，而是出自内心的需要和对知识的渴求。”

■ 在学习中开阔视野

教师要想在新课程背景下的教育实践中游刃有余，必须具有崭新的知识观，即终身学习的观念。

对于教师而言，其文化根底不仅要“渊”，而且要“深”，要“博”和“广”，他要成为杂家，兼收并蓄。只有这样，才能在面对学生时，得心应手，举一反三，旁征博引。

如果教师不仅长于广收博采，更长于“整合”，能够自成一家，形成自己对生命、对历史、对社会的独特理解、感悟，那么，这样的教师一定是善于学习的教师、视野开阔的教师。

■ 在行动中积累经验

行动研究是多年来国外一直倡导的教师进行教学研究的一种方式，是指教师在教学过程中以研究者的心态置身于教学情境之中，以研究者的眼光审视和分析教学理论与教学实践中的各种问题，对自身的教学行为进行反思，对出现的问题进行探究，对积累的经验进行总结，使其形成规律性的认识。

教育的本质不但要求教师系统学习专业知识和技能，而且要求教师在具体的行动中切实“体验”、思考并积累教育教学经验。

■ 在思考中提升思想高度

一个人思维的深度和广度，决定着他的思想的高度。教师在阅读经典，与人类的思想家、教育家对话的过程中，提高文化素养和人文素养，并在此基础上培养科学的精神，这是其在成长过程中形成教育思想和智慧的前提。只有在阅读中学习，在学习中思考，在思考中提升，教师的教育才能适应时代发展的要求。

一名优秀的教师，一定是文化底蕴深厚的教师；一名文化底蕴深厚的教师，一定是富有人文修养的教师。教师只有养成良好的阅读习惯，学会学习，终身学习，真正成为一名“腹有诗书气自华”的师者，才可能从教书匠成长为能师、经师乃至人师。

——摘自《教师的幸福资本》 雷玲 编著

通过加强学习，不断充实知识，不断储备能量，会让我们明白许多做人的道理，做事的方法，会使我们对理想、信念、事业、家庭、人生有新的感悟、新的认识、新的理解。当我们不断用新的视角环视周围，你会发现你周围是那么富有朝气，你会不断进取，不断努力，不断朝着新的目标进发。

通过学习，我们的工作能力和水平就会从一个高度跨跃到另一个新的高度。领导的器重、同事的赞叹、学生的认可、家长的肯定，就会使我们获得成就感和满足感，进而就会更加兴致勃勃地投入到工作中去，进一步提高工作能力。这样，就形成了良性循环，职业倦怠自然就会销声匿迹。

3．喊破嗓子不如做出样子

老师就像一面镜子，学生们会照着你的样子去做。如果我们能够做到以身作则、言传身教的话，其效果要胜过一个夸夸其谈的老师的万语千言。

> 我当老师，总是率先垂范，身先士卒。凡是要求学生做到的，我首先做到。要求学生不迟到，无论春夏秋冬，刮风下雨，我总是第一个进教室；我要是觉得第一个进教室有困难，我就住到学校。做工作，就得拿出死气白赖的劲来。实践劳动，我总是和学生一起动手，从不间断；升国旗，我站在排头，满怀激情，一动不动……永远起表率作用，我要让我的学生们知道他们的

韩老师永远是最优秀的，永远是他们的骄傲。遇到这样的老师是他们的荣幸，他们没有理由不好好学习。为了我，他们也必须好好学习。我要求自己要用无言的行动感化我的学生。

我当老师，时刻提醒自己要有极强的凝聚力和亲和力。要做到：不管这学生来自什么样的家庭，曾经受过什么样的教育，来到我的班，成了我的学生，从此以后，就要紧紧团结在我的周围，和我一起摸爬滚打。我觉得，学生生活在这样的班集体当中，他会感觉到一种幸福。处于幸福之中的学生，他会有追求，一种更高目标的追求。这种学生还用我们费心管理吗？

——摘自《我的班级管理之道》韩玲 李德成 著

在实际工作中，既要言教，更要身教，身教重于言教。这无疑对老师提出了更高的要求。这就要求我们的老师要自重、自省、自警、自励、自强，以身作则，言行一致。要学生做的，自己首先要做到；禁止学生做的，自己坚决不做，要在行动上为学生做出表率。

刚毕业的时候，正当青年的我也崇尚时尚，留着一头长发，经常穿带花格子的上衣。或许因为在教学中我一直主张自主学习，发挥学生的主观能动性，学生都和我比较亲近，很多学生还模仿我的一些行为，如说话的口气和动作、打球的姿势等，这使我沾沾自喜。

学校要求学生“禁止留长发、穿奇装异服”，我在班级反复强调，要求学生理短发，穿校服，并认为学生会很容易地接受我的劝导，可效果甚微，仍有一部分男生留长发甚至涂上摩丝，把头发弄成刺猬状，并穿着花花绿绿的衣服。我找他们谈过话，可他们都说那样的打扮并没有什么不好，并告诉我："老师，我觉得年轻人就应该有点儿个性，像你那样的发型就很帅，穿着花褂儿时非常潇洒。学校为什么就不让我们也潇洒走一回呢?"

学生的一席话让我明白过来，原来他们把我当做了模范，纷纷效仿。可这样的穿着打扮与中学生的行为规范是相违背的，也是学校制度所不允许的。

既然学生这么"尊重"我，我就应该给学生带个头，引领他们向良好的方面发展。

星期天，我把长发理成了小平头。周一，我穿上一身笔挺的西服，白衬衣，红领带。当我进入教室时，学生都睁大了眼睛，继而爆发出一阵惊叹声。看着他们如盛开的桃花般绽满笑容的脸，我故意笑着问："你们'哇'什么啊?"

"老师，你今天换了一个新的形象，显得更精神了!"学生们说。

我笑着说："是啊，以前老师也觉得长发显得帅，穿有花纹的衣服潇洒。既然你们认为这样更精神，我就天天这样打扮，'士为悦己者容'嘛。"

从此，我一直理短发，秋冬春三季穿西服，夏季穿短袖白衬衣。渐渐地，那些留长发的学生也理成了短发，凡是在校期间都按学校的规定穿校服了。

教师的榜样力量是巨大的，当学生亲近自己的老师时，教师的一言一行、一举一动，都会对学生产生影响。教师要用自己的特殊身份来引导学生，为人师表，身体力行，以身作则，以自己良好的言行为学生树起礼仪的标杆。

——摘自《如何做最好的班主任》 魏书生 主编 略有改动

老师是学生心目中最崇高、最有威信的榜样。老师的思想、信念和道德以及态度、仪表和行为等方面，在教育教学的过程中，对学生的成长产生着潜移默化的积极影响和教育作用。因此，作为一名老师，身教的重要性就显得尤为重要。

孔子是中国古代伟大的思想家、教育家，儒家学派的创始人，更是我国教育史上第一个将毕生精力贡献给教育事业的人。作为我国古代教育智慧的集大成者，孔子的影响是穿越时空的，在新课程改革的今天，我们仍有必要汲取孔子的教育智慧。

孔子在对弟子进行教育时，往往不只强调口头说教，而且用自己的行动向学生展示出榜样来影响教育学生，以达到潜移默化的目的。孔子认为“师者，人之模范也”。他在为樊迟解释“崇德”一词时，说“先事后得”，意思就是先努力做，然后才能有所收获。孔子认为“言教”并没有“身教”重要，于是他总是“欲讷于言而敏于行”，主张少说话，用实际行动证明自己的主张。是故“君子”“先行其言而后从之”。

孔子要求学生要好好学习，他自己首先“发愤忘食，乐以忘忧，不知老之将至”，更努力地学习。他要求学生做一名君子，他自己首先加强这方面的修养，“饭疏食，饮水，曲肱而枕之，乐亦在其矣，不义而富且贵，于我如浮云”，并且“忧道不忧贫”。于此可见，孔子无论是教育学生为“仁”，还是做学问，都是以自己的实际行动教育学生。

在“身教”的过程中，孔子总是努力成为学生的楷模。在这过程中，他非常强调“仁”，即道德高尚和言行一致。也就是说，在“身教”过程中，教师必须注意“修己为仁”和“言行一致”。对于“修己”，孔子主张“见贤而思齐焉，见不贤而内自省也”，要“以人为镜”。“修己”，大凡“自省”“自讼”“自克”“改过”。“自省”，不是一般的反省，而是“日三省吾身”。孔子告诫弟子，能否如此行事，是区别君子与小人的道德标准。他说：“君子求诸己，小人求诸人。”并且激励说：“吾未见能见其过而内自讼事者也。”他希望他们能人之难能或不能，做一个道德高尚的人。在自省中，要“躬自厚而薄责于人”，发现过错要及时改正。他指出：“过而不改，是为过矣。”并觉得：“丘有幸，苟有过，人必知之。”

除了“自省”，孔子还主张“自克”。“自克”就是自我监督和自我控制能力的培养问题，是自我意识的重要方面，也是道德教育的重要内容，今之说法乃是“自我控制”。所以，孔子认为“克己复礼”便“为仁”，只要人人都能克己复礼，那每个人都便成了“仁人”。“自省”“自克”的自我认识、自我教育、自我控制使孔子成为了“仁人”，便有了做道德高尚的楷模了，同样，他也以此来教育学生。

除了“修己为仁”，孔子还强调“言行一致”。他主张“听其言而观其行”。他认为君子是“言之必可行也，君子于其言，无所而已矣”，所以他说：“古者，言之不出，耻躬之不逮也。”在《论语》里，孔子要求学生言行一致的例子也很多，如，孔子对于“宰予昼寝”而不抓紧时间学习十分恼火；而对于“一箪食，一瓢饮”安贫乐道的颜渊则表示多次的赞扬，并感慨地说：“人不堪其忧，而回不改也。”同时，孔子自宰我这件事后，更加注重言行一致，同时也不再以学生的言论作为判断其人如何，即是“君子不以言举人”。

孔子强调言行一致，并以之要求自己和学生，这也就是“身教”的另一表象。“师者，所以传道，授业，解惑者也”，因此，师者在学生的心目中是很重要的，大到政治品质，小到一言一行，都会极易被学生模仿。而孔子的以身示范、以德感化教育学生，更是对我国的教育改革有着深远影响。教师只有“身正”“言行一致”才能不愧于“人类灵魂工程师”的美好称谓。

——摘自《如何做最好的班主任》魏书生　主编　略有改动

人们常说“为人师表，言传身教”，实质上就是强调老师的一言一行、一举一动的示范作用，对学生是一种潜移默化润物无声的作用。所以，对我们来说，在实际工作中，要时时、事事做学生的表率。

4. 学会反思，在反思中不断成长

“学而不思则罔，思而不学则殆”，早在两千多年前，我国古代思想家、教育家孔子就为我们留下了这句哲言。对我们来说，要学会反思，在反思中不断成长。

> 于永正说：“保持教育理性状态的前提是群体具有反思能力。而名师就处于反思的‘多震地带’。他们在反思宏观的教育，也在反思教育的细节；他们在反思历史，也在反思现在，尤其是总在反思自己。名师是我们教育界反思状态的发动机——他们启发了我们。这便是名师的价值。”
>
> 徐斌说：“我的确愿意做一个思考的行者，在实践的土壤里，在审视自己的过程中，不断学习反思，不断完善自我，超越自我。”
>
> 任勇则认为：“认识自我、发现自我是成为优秀教师的基础和根本；完善自我、战胜自我是成为优秀教师的关键；实现自我、超越自我是优秀教师永不满足的目标。”
>
> ——摘自《教师的幸福资本》 雷玲 主编

有这样一个公式：“教师的成长 = 经验 + 反思”，显而易见，教师只有经历了综合、总结、分析、提炼的过程才能成长。

由此，我想起了我曾经在网上看过《班主任兵法》的作者万玮老师写的一段教学反思，很有感慨，在此，愿与大家一起分享。

我应该庆幸的是，在极度羞耻的情况下，我选择了一条正确的道路，那就是自我分析，自我反思。通常在这种情况下，人很容易怨恨其他人，怨恨周边的环境。我身边就有这样的同事，在带班失败之后，怨领导、怨家长、怨学生、怨同事，唯独不怨自己。多年以后，我涅槃了，回头看他，带班水平几乎没什么提高。几年前不能解决的问题仍然找不到解决的方法，遇到挫折后，埋怨声依旧。

我选择反思可能因为我是一个自负的人。我失败了，但是我不相信我的能力就是如此，我坚信我是一把牛刀，这把牛刀终究要杀鸡如探囊取物。我想，五年复旦读书生活(当中还军训了一年)给我最大的收获可能就在于此，我心高气傲，不服输，不愿承认自己的无能。那段时间，我一直用一个信念支撑自己：我教不好不代表别人也教不好，我今天教不好不代表我明天也教不好！

有将近两年的时间，我的日子在反思中度过。我苦苦思索我失败的原因，苦苦思索为什么学生明知我对他们好还要和我作对！我回忆我和学生交往的每一个细节，然后再模拟我如果从头开始究竟应该怎么做，怎么说。在反思中，我逐渐成熟了。我成了一名心灵丰富的教师，不再只凭着激情和冲动做事，而是学会了冷静，学会了理性。

如今，我自己便努力成为一名这样的理性教育者，我总是在探究教育的可能性，在面对学生的错误时不是暴跳如雷，而是静下心来思考学生这么做的原因，情绪不佳时不是只顾着自己发泄的需要，而要冷静地思考究竟怎样做才是真的对学生有益。

反思是一种能力，也是一种态度和习惯。

来龙初中吴晓燕老师说：

时光飞逝，岁月匆匆，一转眼在这三尺讲台上一站已十余年，忆往昔岁月，曾经年少轻狂的我，在师范学校的演讲台上是怎样满怀豪情地抒发自己对未来教育事业的执著。蓦然回首，如今的我是否有愧当年的豪言？趁着这次师德师风反思整改活动，我想是该反省反省自己了。

一直以来，我总是活在自己的境界里，觉得自己是一个不错的老师。能关心学生、爱护学生、以学生的利益为己任，不计较个人得失，不片面追求高分；能时刻以“学高为师，身正为范”鞭策自己。在为师和为人上总是追求坦坦荡荡的，要对得起自己的良心，要对得起自己的学生，要对得起信任我们的学生家长，所以说实话，我一向自我感觉良好。

但自从参加课程改革以来，我才清楚地意识到，我还有很多的不足。如新课程的核心理念是“一切为每一个学生的发展”，这意味着，在教学中，不仅要关注每一个学生的学习，还应关注学生的情绪生活和情感体验，关注学生的道德生活和人格养成。在以往的教学中，我往往忽视了学生的情绪生活和情感体验。有时候，恨铁不成钢的心情便无意地伤害了学生幼小的心灵。尽管过后，我总会用更多的爱来弥补自己偶尔的过失，但过后反省自己，总觉得歉疚和不安。在教学方法上，有时为了让学生掌握一些基础知识，过分注重教学内容，过多地进行机械性的单项训练，经常强调学生跟着自己转。

通过几年来新课程理念的学习，我也慢慢地在纠正自己的一些教育教学行为。在教学中更关注学生的情绪体验。课堂教学不仅是完成教学任务，达到教学目的的过程，而是师生共同经历成长的过程。我开始懂得用心去跟学生交流，用爱去感化学生以达成共鸣，用知识去引导学生，用鼓励去激励学生。在我的课堂里，开始充满了快乐。下一步，我要做的是尽量让所有的学生都能快乐地自觉学习，尽量让所有的学生都能体验到学习的乐趣，在后进生身上花更多的时间和精力，努力使自己更有耐心一些，努力使我的学生感到，老师不仅让我们学到了知识，也让我们快乐。

在对自己认真反省后，我觉得自己在理论方面还较欠缺，理论素养有待提高。还有对专业知识自我满足，安于现状产生的惰性心理。

针对自己存在的问题，我想今后应不断学习树立终身学习观念。多多学习素质教育理论，努力更新观念，学习现代教育技术，并渗透到日常教育教学实践中，优化课堂结构，营造良好的学习气氛。多扩展阅读视野，汲取新知识新经验，并虚心向教师讨教，完善知识结构，积极参加教研活动，努力使自己成为专业型、学者型的优秀教师。

有人这样说过："教一辈子书，不见得成为名师。写三年教学反思，就可能成为名师。"

5. 教育需要激情，要不断燃起激情之火

有的老师工作了五年十年，拿到了相应的职称，觉得教材吃透了，教法掌握了，于是，按部就班，亦步亦趋，心甘情愿地重复"昨天的故事"，产生了"年年岁岁花相似"的感觉，职业倦怠自然应运而生。

"职业倦怠"并非因身体劳累所致，而是缘自心理的疲乏。一个人长期从事某种职业，在日复一日的机械作业中，渐渐会产生出一种疲惫困乏乃至厌倦的心理。在工作只是依仗着一种"惯性"来工作，全无任何的主动性、创造性可言，就很容易染上这种"职业倦怠"。

王蒙的早期作品《组织部来了个年轻人》中的那位组织部长刘世吾先生便堪称是一位典型患者。他的那句口头禅"就那么回事"多少年来曾作为官僚主义的"经典"被我们批来评去，现在看来，说他患上了"职业倦怠症"倒似乎更为中肯。这位大半辈子的"老革命"，饱经风雨历尽沧桑，使他对待所有问题都是轻描淡写例行公事，完全丧失了热情与活力。

教师也是一样。由于有些老师多少年连续不断地在一个年级教同样的内容，总是按部就班地重复相同的内容，有的老师甚至一天要重复好几遍，对此，许多教师会感到很厌倦，甚至恐惧无奈地发现自己无论对工作还是对生活都已经没有任何激情了，当初当老师时那雄心勃勃的誓言已经荡然无存，只剩下无尽的倦怠和无奈。

当你踏进校园，孩子们一声声清脆的问候无法让你舒展紧锁的双眉；当你走进教室，同学们婉转悠扬的诵读已难以激起你心灵的共鸣；当你端坐在办公桌前，用一句“这点小事也来烦我”来打发满含委屈来求助的学生；当你从积满灰尘的书本下找出一份“古色古香”的教案，在上面稍作圈点甚至只瞄上一眼便心安理得地走上讲台……那么，我想提醒你一句：老师，你一定染上了不少教师感染过或正感染着的一种“职业倦怠”。

教育是一项心灵的对话，是以心激心，以情激情的事业。所以，要想克服职业倦怠，就必须重新燃起激情之火。

我在“一缕烟寒”的博客里看到了这样一篇文章，题目是:《做一个有激情的老师》。在此愿与大家一起分享。

走上《百家讲坛》的北京师范大学第二附属中学的历史老师纪连海说过：“高效的课堂需要师生焕发生命的激情，因为只有激情才能激发激情，才能点燃心灵圣火，拨动生命的琴弦。”

我们听过很多老师的课，我们往往从教学目标方法的确立、教学方法的选择、教学过程的完整、教学重难点的突破等方面去衡量去评价，却往往忽视了教师的教态，也就是教师是否有激情，课堂是否洋溢着激情。一个充满激情的教师站在讲台上，本身就是一首优美的诗、一幅动人的画。在课堂上，教师有了激情，才会神采焕发，才会感染学生、激发学生，使学生兴趣盎然地投入学习，这样的课堂才会成为学生生命的沃土，成为学生成长的精神家园。否则，即使课设计得再完美，语言再华丽，语调再动听，也只会如抽干了水的池子一样，无法感染、震撼学生，这时候再先进的教学手段，再精美的多媒体课件，也只能成为摆设，显得苍白无力。

2009年，美国一年一度的优秀教师评选结果揭晓，托尼马伦获此殊荣。获奖典礼上，有记者问他："是什么造就了一名优秀的教师？"他的回答是："激情、专业化和毅力！"

的确，激情、专业化与毅力是优秀教师的三大特质，而激情又是其中最关键的特质。激情，是课堂教学的催化剂，也是衡量教学魅力和教师水平的重要标准。激情能使我们如春水般平静的课堂多了几道波纹，也使我们平凡的人生增添了几抹光彩。充满激情的课堂，犹如洒满七彩阳光的绿地，绚丽灿烂；充满激情的课堂，犹如涓涓的流水，时而缓时而急，铿锵有力。

美国著名教授理查德·威伍的一篇演讲中有句极为精彩的话："想要教好的教师可能在大多数情况下都是志向更高和激情奔放的。伟大至少一部分出自天赋，这是无法传播的。然而，伟大的教师一定是有激情的教师。"

课堂需要激情，激情的课堂更需要教师拥有一颗充满激情的心。

而现在的教育现实是，随着年龄的增大，大多数教师陷入职业倦怠的旋涡。于是课堂上激情不再，波澜不惊，成为了一潭“死水”。于是课堂上我们面对的不再是一个个鲜活的生命，而是等待着被植入知识的容器，被动地等待着教师将知识灌输进去。

苏霍姆林斯基说：“有激情的课堂教学，能使学生带着一种高涨的情绪从事学习和思考。”要想课堂激情飞扬，要想学生生命之火旺盛，教师就要多一份激情。多一份激情，就多一份勇气，多一份拼搏和努力。教师有激情，才会博览群书精心备课，揣摩雕琢课本；教师有激情，才可以在课堂上旁征博引，引领学生在三尺讲台上学海泛舟；教师有激情，才能像爱自己的孩子一样爱学生，尊重学生个性的差异，做一个快乐的教育者。

激情是修养、素质、能力的积淀。“腹有诗书气自华”，激情需要教师“身怀绝技”，需要教师“满腹活水”，需要教师“痴迷教育”，需要教师“实践反思”。做一个有激情的教师，让我们的教育因生命而美丽，上课因激情而精彩！

激情不是无缘无故产生的，它根源于强烈的事业心和责任感。

由此，想到了我曾经在《班主任》杂志上看到的湖南省邵东县两市镇一中李云老师写的一个教育案例，介绍的是他组织学生开的一次激情班会。

那年，高三七个班的后进生，被集中到了一块，美其名曰“特长突击班”，排在全年级第一位——“高三(1)班”。事实上，每个学生都清楚，他们是原来班级的弃儿。因此开学几天了，人还稀稀拉拉地没来全。

终于，在开学一个星期之后，我把孩子们都找齐了。然而，人虽进班了，态度却是消极懈怠，上课没精神，集体观念模糊，班干部不管事。一下课，62名学生就分成七个“板块”活动，甚至还有很多学生待在原班寝室里不肯出来。

怎么办?

我和几个班干部及学生代表“密谋”之后发出通知：开一次激情主题班会!

班会开始了，我从来自七个班的学生中各找了一名书法较好的学生，然后交给每人一个字，让他们写在黑板上，要求他们不准商量，尽可能地把字写得好看。台下的学生很好奇，台上的学生很激动。没过多久，黑板上出现了一句气势磅礴的话——永远的高三(1)班！他们像商量好似的，全部用仿宋字体书写！

“这就是心有灵犀啊!”我趁机开始了颇具鼓动性的演讲：“来自七个班的七名同学能够书写得这么整齐划一，说明我们的心灵是相通的！就让我们珍惜这来之不易的默契……今天让我们举行一次没有准备的主题班会，主题就是‘永远的高三(1)班’，看看我们之间还有多少默契与缘分！”当然，如果当时七名学生写的字体不一致，我会用“五彩缤纷”来形容，意思是我们班的同学来源于不同的班级，百花齐放，争奇斗艳，令人陶醉。总之，两种结果我事先都已想到。

我的演说把学生们的激情点燃了。班长率先发起了寻找同一天生日同学的倡议。不到五分钟，就找出来了。学生们惊奇地发现，原来仅这62人当中，就有在这个世界上等着和他们“相识”“相知”的朋友！这种惊奇与不可思议的感觉，使得学生们情绪高昂，有人当场朗诵自己创作的诗歌，有人倡议搞个成语接龙游戏……班会的气氛异常热烈。

班会结束时，我号召学生们与我齐声呼喊“我们团结友爱，互相谦让，求同存异，荣辱与共”，并把它作为“永远的高三(1)班”的班级精神。骄傲之情在每个学生心中升起……

第二天，我又趁热打铁，组织他们商量起草了班规班约，用制度来维护我们共同的利益。

高三(1)班变了，每一位任课教师都这么说。接着，我在班里又开展了“学习擂台”活动。我让宣传委员制作了一张“排行榜”，从高三的第一次月考开始，每次考试成绩都在榜上公布。我们把排行榜叫“战国风云榜”，单科优胜、进步最大和总分领先者都有资格上榜。一次次的打榜，使越来越多的学生更加关注自己的学习，班级里的学习气氛日益浓厚。一年之后，这个原来不被看好的组合班级，产生了12个本科生，居全校第二！其后通过复读，全班62人中有54人考上了大学，4名学生考取了军事院校，成为我们学校的一大奇迹！

直到多年后我们再次相约，大家仍然涌起共同的感觉：永远的组合，永远动人心魄；永远的高三(1)班，万岁！

教育需要激情。对我们来说，无论遇到什么情况，都要设法保持对教育的新鲜感，不能墨守成规，老调重弹，而是不断给自己充电，完善和创新教育方法，使自己处在一种不断探索的过程中，永不满足于现状，要做到更好，每天都是新的尝试、新的开始、新的感受。让我们教育生活的每一天都是新鲜的，每一天都伴着冉冉升起的红日，朝气蓬勃、激情满怀地走进课堂。

6. 多读书，读好书，让心灵的疲惫在书香中消融

读书是最好的心灵体操。也可以这样说，书籍是帮助我们战胜“职业倦怠”的良师益友。

现实生活中，当你被气得浑身发抖，甚至产生绝望的时候，不妨看看清朝阎敬铭所写的《不气歌》：

他人气我我不气，我本无心他来气。倘若生气中他计，气出病来无人替。请来大夫将病医，他说气病治非易。气之为害太可惧，唯恐因气将命弃。我今品尝个中味，不气不气真不气。

你不觉得这是一剂“消气散”吗？

当你被人惹恼，感觉两手冰凉甚至四肢痉挛的时候，不妨看看

清朝石成金所写的《不恼歌》：

莫要恼，莫要恼，烦恼之人容易老。世间万事怎能全，可叹痴人愁不了。任何富贵与王侯，年年处处埋荒草。放着快活不会享，何苦自己寻烦恼。莫要恼，莫要恼，明日阴阳尚难保。双亲膝下俱承欢，一家大小都和好。粗布衣，菜饭饱，这个快活哪里讨。富贵荣华眼前花，何苦自己讨烦恼。

你不觉得这是一丸“去恼灵”吗？

……

当你和同事发生龃龉或夫妻失和而陷入痛苦不能自拔时，不妨读读“今生相遇夙世缘”，“一世修得同船渡，三世修得共枕眠”，“天生男女共一处，愿得两个成翁妪”，“退一步海阔天空”。你不觉得些许芥蒂不值得惶惶不可终日吗？

当你一时拮据或怀才不遇时，你尽可读读古人文句：“千年田换八百主，一人一口几张匙”，“天生我材必有用，千金散尽还复来”，“冬天来了，春天还会远吗”，“众里寻他千百度，蓦然回首，那人却在灯火阑珊处”，“沉舟侧畔千帆过，病树前头万木春”。你不觉得处于逆境中应该耐得住寂寞，安得住清贫，坐得牢冷板凳，保持一种“应该得到的总会得到，不能得到的强求也得不到”的平淡心态吗？

读书吧，在浩瀚的书海中，一篇明丽的游记，一则心灵的感悟，一首富有哲理的小诗，一段祸兮福所依的佳话，一句佛经的偈语，一个修身养性的好主意，都将会带给你一片好心境、一份好心情和一份慰藉。

读书吧，书中自有解愁语，书中自有海阔天！

——摘自《教师心理健康研究》 方方 主编

读书能让人长见识、明是非、坚心志。以书为友，与书为伴，会使你心无旁骛，沉醉于书香之中。

叶碧青老师在《师道》上发表文章，题目是《嗜书》。在这篇文章中，有这样一段话：

读书不受时间的限制，无论是潇潇细雨的春日，还是皓月当空的仲夏之夜；无论是霜叶红于二月花的深秋，抑或是人迹板桥霜的严冬，都可以手不释卷。或研读教育教学专著和刊物，或背几首唐诗，或咏几阕宋词，或朗诵情文并茂的散文，或浏览一部鸿篇巨著。如果在伸手可及的地方置一杯清茶，便有余香袅袅，享受一份怡然自得的闲情逸趣。

对我们来说，在实际工作中，要通过阅读不断积攒对他人有用的知识、思想、智慧、阅历，让学生对我们产生难以取代的信赖与尊重，这样，我们的工作就会像那陈年美酒，任教时间越久越优秀。

储建明老师在《人民教育》上发表文章，题目是：《让文化互动根植于语文教学》，在这篇文章中，有这样一段话：

我一直保持着读书、写笔记的好习惯。办公桌上、书房写字台上，常常叠放着我随手翻阅的书刊。读书的时候，知识和智慧指引我认识社会，分辨是非，使我学会了思考和解读的方法；读书的时候，哲人的思想洗涤着我的灵魂，使我的生命一次又一次地向前拓展；读书的时候，我徜徉在文化的海洋里，消解了尘世的喧哗和浮躁，还原回和煦平静的本我世界。

阅读是幸福的，阅读是快乐的。读书应该成为教师的一种生活方式。通过阅读，可以舒展心灵的翅膀，让笑容变得灿烂；可以仰望思想的星空，让目光变得深邃；可以搭建理想的阶梯，让岁月变得充实；可以品味别样的人生，让生活变得阳光。

中小学教师应该读什么样的书？读哪些书？

朱永新教授认为，中小学教师有两类书必读：一是读孩子们读的童话书，像《格林童话》《安徒生童话》以及现在的孩子们正在着迷的书；二是读教育名著，因为人类几千年的教育活动积累下来的好的理念和经验是不变的，读这样的书可以少走弯路。

从当代社会的发展来看，作为合格的中小学教师，应该读四类书籍：第一类是各类教科书及相关教辅书，第二类是中外教育经典名著，第三类是人文社科类经典名著，第四类是中外名人传记。

系统阅读中小学教科书及相关教辅书。这有助于教师夯实知识基础，丰富文化底蕴，也有助于教师更多地了解学生已有的知识基础和后续的学习内容，还有助于教师在自己所教授的课程之中经常提及本课程与其他课程的联系。

精读中外教育经典名著。在人类丰富的文化遗产大宝库中，教育经典名著总是一座无法被忽略的重要宝藏。无论是鸿篇巨制，还是精彩短章，都难掩其熠熠夺目的光芒。从孔子的《论语》、柏拉图的《理想国》、卢梭的《爱弥尔》到苏霍姆林斯基的《给教师的一百条建议》，几千年来，无数中外教育家和思想家对极其复杂的教育及其发展规律一直艰辛地探索、思考、研究着，留下了一大批不朽的教育经典名著，成为人类思想大宝库中不可忽视的重要宝藏。教育经典名著记录了他们积极投入教育实践、科学论证教育方法、执著探索教育规律的轨迹。这些著作历经历史的冲刷和验证，至今对人类社会和教育仍有影响，可以说对今后也将产生深远的影响。这些经典书籍，是中小学教师专业成长历程中必不可少的精神食粮。

选择性阅读人文社科类经典名著。人文社科各领域很多不朽的经典名作，蕴涵着启迪千秋的思想精髓，凝聚了人类心灵的光华。教师可以在哲学名著中品茗思考，体验人生的意义，关怀人类的终极价值；可以在历史名著中回味过去，体会时间流逝中怅惘的心绪；可以在美学名著中探讨美的真谛，创造美的生活和美的人生；可以在科学名著中上穷宇宙之碧落、下及万物之奇观，体味科学精神的庄严，感受科学技术的力量；可以在诗作中长歌，在戏剧中沉醉，在散文中感悟，在小说中品味人生的酸甜苦辣……这些经典书籍，是中小学教师滋养心灵、提升素养、温暖生命的养料，可以使教师以更加积极、乐观的心态看待世界和人生。

研读一些中外名人传记。在人类的文明长河中，涌现出了无数名人：拿破仑、牛顿、贝多芬、孔子、毛泽东……他们在世界文明进程中产生了巨大的影响力。研读这些名人的传记，一是在读的过程中仿佛经历了名人激荡丰富的人生，诸多故事、诸多精彩，饶有趣味。二是可以从他们的个人经历窥视当时社会、历史的全景，能感受到个人命运与时代背景的交相辉映。三是可认识这些人的价值观、人生观，进而反思自己，提升人生境界。四是从微观着手，学习这些人某些优秀的品质、为人处世的态度，改进并完善自己。因此，作为中小学教师，应该研读一些中外名人的传记。

——摘自《教师的幸福资本》雷玲 编著

教师应该是博览群书的饱学之士。五湖四海，古今中外；上下五千年，纵横八万里，教师都应该有所涉猎。这样，教师在课堂上才有可能口吐珠玉，游刃有余，讲起课来左右逢源，旁征博引，妙趣横生，见地别具，谈吐不凡，从而给学生带来一路春风，使其如同进入一个辽阔纯净甚至是可以嗅到花草芬芳的知识王国。这样的课堂，学生怎么会不流连忘返、身心陶醉呢？这样的教师，学生怎么会不爱戴、不尊敬呢？

课后感言

老师就像一面镜子，学生们会照着你的样子去做，如果我们能够做到以身作则、言传身教的话，其效果要胜过一个夸夸其谈的老师的万语千言。

老师的思想、信念和道德以及态度、仪表和行为等方面，在教育教学过程中，对学生的成长产生着潜移默化的积极影响和教育作用。“为人师表，言传身教”，老师就像一面镜子，学生们会照着你的样子去做，如果我们能够做到以身作则、言传身教的话，其效果要胜过一个夸夸其谈的老师的万语千言。在实际工作中，学生亲其师，就能信其道。这样，我们的书就好教了，班就好带了，工作也就好做了。

……

加强学习，努力提高自己的专业知识水平，这是我们克服职业倦怠的一剂良方。不断充实知识，不断储备能量。会让我们明白许多做人的道理、做事的方法，会使我对理想、信念、事业、家庭、人生有新的感悟、新的认识、新的理解。当我们不断用新的视角环视周围，你会发现你周围是那么富有朝气，你会不断进取，不断努力，不断朝着新的目标进发。

……

教师对自己的教育行为、教育结果进行审视和分析，从而改进自己的工作，使其更加趋于合理化，进而能够更好地达到教育目的。教师的专业化发展是一个不断成长的过程，但它不是一个自然的过程，这需要教师在不断实践中完善。教师通过撰写教历，自我反思，记录自己认为对专业成长影响较大的关键事件等，为教学提供基本素材，在经验中学习，在行动中研究，在不断反思中真正成长起来。

……

教师就要多一份激情。多一份激情，就多一份勇气，多一份拼搏和努力。教师有激情，才会博览群书精心备课，揣摩雕琢课本；教师有激情，才可以在课堂上旁征博引，引领学生在三尺讲台上学海泛舟；教师有激情，才能像爱自己的孩子一样爱学生，尊重学生个性的差异，做一个快乐的教育者。

……

读书能让人长见识、明是非、坚心志。以书为友，与书为伴，会使你心无旁骛，沉醉于书香之中。给每一天留下阅读时间，给每一个阅读时间留下宁静心情，给每一份宁静心情留下幽幽书香，四季将因此而充满温馨，青春将因此而溢满甜蜜。通过阅读，不断地积攒对他人有用的知识、思想、智慧、阅历，让学生对我们产生难以取代的信赖与尊重，这样，我们就不会倦怠。我们的工作就会像那陈年美酒，任教时间越久越优秀。

第五课 守望教育殿堂，净化心灵园地

1. 摆脱烦躁与不安的良药——静心教书，潜心育人

我国著名的教育家魏书生在2007年10月8日《德育报》上发表文章，其中用这样一段话来寄语青年教师：

> 我们正处于高速发展的时代，体制转轨，结构调整，利益重组，社会上信息滔滔，红尘滚滚，诱惑遍地，人的心很容易失去精神家园，精神流浪，灵魂漂泊，思想浮躁——浮躁几乎是这个时代的流行病。在这样一个时代，我们的青年教师要静下心来教书，潜下心来育人。静了才有乐趣，静了才能发现平凡的工作是一个极其宏大的世界，简单的小事都有无穷无尽的学问。如果能静下心来教书，潜下心来育人，就能够以静制动，有效信息请进来，无效信息一边去。

我们解读魏书生老师这段话的含义就是：作为一名老师，在实际工作中，要静心教书，潜心育人。

由此，我想起了浙江省绍兴市鲁迅小学教育集团陈鸿鸣老师在

网上发表的一篇文章。题目就是《静心教书，潜心育人》。在此，愿与大家一起分享。

教师是生活的清贫者，却是生活的富有者。老师的阵地是学校，是课堂，三尺讲台是老师驰骋的天下。我们面对的是一批批既幼稚又天真的学子们，在这样纯真的孩子面前，我们能拥有什么呢？功名利禄是谈笑间的新闻，鲜花与掌声是心血与汗水中的欣慰。

可是当我们驻足而思的时候，却蓦然发觉——在经济飞速发展的当今社会，教师本有的职业精神正在受到前所未有的冲击和侵蚀。和其他领域一样，也有部分老师对原有的价值观开始产生偏差，他们淡忘了自己"教书"的职责，越来越耐不住寂寞，在千变万化世界的诱惑下，逐渐放弃了对教育事业的理想和追求。

我想告诉他们，教育是心灵的艺术，"静下心来教书，潜下心来育人"，教育尤其呼唤这种志存高远、淡泊名利的师德，也呼唤承载着这种师德的优秀教师。

一个教师能给予学生什么？精神的力量。

人们常说，教师是燃烧自己照亮别人的蜡烛，教师是默默吐丝的春蚕，教师是不知疲倦的园丁。这些生动的比喻都说明，教师这一职业意味着更多的付出和无私的奉献。如果没有这种精神准备，恐怕难以胜任教师工作。

我不禁想到一个个惊心动魄的场面：谭千秋，用生命护卫四个学生；张米亚，摘下自己的翅膀送给学生飞翔；向倩，为保护学生，身体断成两截。当灾难来临，他们坚守，他们勇敢——那些无私的话语，那些无畏的呐喊，那些坚定的站立，那些奔走的身影——净化了我们的心灵，震撼了我们的灵魂，使我们懂得了什么是可以错过却不会磨灭的，什么是瞬间即逝却又是最宝贵的。

冰心说道："爱在左，同情在右，走在生命的两旁，随时播种，随时开花，将这一径长途，点缀得鲜花弥漫，使穿枝拂叶的行人，踏着荆棘，不觉得痛苦，有泪可落，却不是悲凉。"这些平凡的老师们，这些辛勤到不知日夜的老师们，心中盈满了对学生和教育事业的爱意。因为爱，他们甘于淡泊平静的日子；因为爱，他们在地动山摇的那一刻毫不迟疑地选择了一个姿势；因为爱，他们走的时候依然平静淡定……有一种事业，注定是太阳底下最光辉的事业；有一种爱，无言无声，却足以感动河山；有一种姿势，终将永远镌刻在历史的碑文里……

"孩子，别怕，有老师在！"这是他们说的最后一句话。

双手死死地护住孩子，这是他们最后的一个姿势。

只需要这一句话，一个姿势，就可以穿越心灵的宽度，灵魂的深度，让所有人在一瞬间涕泪滂沱。

这就是精神的力量。

一个优秀教师能传承给学生什么？民族文化。

古人云："师者，所以传道、受业、解惑者也。"其首要职责，就应当传其道。昔者"弟子三千，贤人七十二"的孔子，他是有道可传，而且是终成一代大家，其儒家思想更是源远流长，至今不减其魅力。孔子也成为了万世师表，其教育思想至今仍为世人所用。

作为教师我们的职责就是传授知识，传承民族精神，弘扬爱国主义，为祖国和人民培养合格人才。这一职责是神圣的，它关系着国家发展、民族存亡的百年大计，所以我们必须忠诚于人民教育事业，以培育人才、繁荣学术、发展先进文化和推进社会进步为己任，积极引导和帮助青少年学生树立正确的世界观、人生观、价值观，教育他们立志成为有中国特色社会主义建设的栋梁之材。

一个优秀的教师能给学生留下什么？爱。“没有爱就没有教育”，爱如春雨，润物无声。爱的力量是无穷的，能改变一个人的一生，能重新塑造一个生命的奇迹。老师的使命正是用灵魂去感染灵魂，用真情推动真情，用爱激发爱……乐在杏坛勤耕耘，传递爱心作奉献。“三尺讲坛是我人生不变的舞台，教书育人是我一生孜孜以求的目标。”教师都珍爱自己的学生，满腔热情地把自己的青春奉献给学生，用自己的心血哺育着祖国的希望。

回望与重提，是想用那些成就显赫的教师们用“亲身”来诠释教学的真谛，静心教书，潜心育人，为师当重“教”。

“教”和“育”，都是为了下一代的茁壮成长。我们希望“静心”和“潜心”培育的土壤。

“静下心来教书，潜下心来育人。”——体现的是教师专业的职业心态。“静心”就是使内心平静，“潜心”就是用心专和深。静下心来就是使内心平和、宁静，潜下心来就是用心专注、深入。在当今经济高速发展、社会转型时期，社会种种现象五光十色，乱人耳目，对教育是极大的挑战，对教师是极大的诱惑，会带给教师一些思想的浮躁。因此，我们应从内心深处真诚地关心教师的工作、学习、生活、疾苦，排除教师心中的一切杂念、疑虑、烦恼和忧患，为教师营造一个放心、安心、舒心、静心的良好环境，让教师的心情始终保持着一种宁静。无忧才能无虑，宁静方可致远。只有宁静无虑，教师才能拥有安于清贫、乐于奉献、甘为人梯的心境，才能甘心守护人间正气，守护社会道德，守护历史使命，守护教育者的尊严。

教育事业是真善美的事业，学校应该是学生健康成长的精神家园。作为教师我们都应积极响应胡锦涛总书记的号召，胸怀祖国，热爱人民，“静下心来教书，潜下心来育人”，“努力成为无愧于党和人民的人类灵魂工程师”。

对我们来说，静心教书，潜心育人，就能够把忧郁驱散，把狭隘赶除，把失落冲散。

2. 保持心理平衡的砝码——淡泊名利，宁静致远

“淡泊名利，宁静致远”是教师应该追求的目标，也是教师幸福

的源泉。

因为支教，她放弃了大城市的稳定工作；因为支教，年过30岁的她错失了爱情；因为支教，她五年花光了所有的积蓄，还欠下三万多元的外债。在物质日益丰富发达的今天，在现实金钱与利益的诱惑面前，她依然坚守在大山深处，固守着自己的精神家园与梦想，甘受贫瘠，这份执著让人感动和尊敬。她就是在《光明日报》和北京广播电视台联合主办的“寻找最美乡村教师”大型系列公益活动获奖的“最美深圳女孩”，2010年“全国百名优秀志愿者”获得者年轻的共产党员孙影。

孙影出身于吉林辽源煤矿的一个普通职工家庭，从小就梦想像妈妈一样，做一名教书育人的老师。

2006年8月，26岁的孙影放弃了在深圳一家高科技公司的稳定工作，跟随“募师支教”志愿者队伍，远赴贵州毕节大方县大水乡鞍山小学。贵州毕节大方县是国家级贫困县，自然条件恶劣，大水乡更是该县最偏远、条件最差的乡。

刚到鞍山小学的那天晚上，学校停电，伸手不见五指。孙影躲在门窗残缺的宿舍里，望着四周黑漆漆的大山，听着山中呼呼的风声，害怕得难以入睡。

孤身一人在山里支教，孙影曾几度遇险。2008年冬天，孙影夜里烤着炭火睡觉，差点煤气中毒。在山区奔波了几年，孙影累坏了身体，患上了严重的风湿关节炎，每逢阴雨天，手腕、膝盖骨就疼痛难忍……山里的艰辛没有难倒孙影，当地孩子们艰苦求学的境遇却让她揪心。“那一双双渴望、期待的眼神，看着让人心疼不已。”孙影暗下决心，不管遇到什么困难，一定要帮帮这些孩子！

孙影对学生不仅有耐心，更有爱心。10岁的樊迪智力有问题，孙影在他的作业本上工整地写上“樊迪”两个字，一遍遍地手把手教他，让他照着抄写，并鼓励、表扬他，让他备受温暖与鼓舞。

二年级的女孩陈丽的爸妈都在外面打工，她跟着外婆生活，一天到晚头发都是乱蓬蓬的。孙影经常将陈丽叫到宿舍，给她梳头发，扎辫子。

……几个月过去了，一学期的支教生活结束了。当初同行的10多名志愿者都离开了贵州，可孙影却选择了留下来。2007年10月，她被大水乡政府任命为鞍山小学副校长。

她原本也可以尽享深圳大都市的繁华，却两度放弃深圳令人羡慕的工作，只身前往贵州边远贫困山区支教；5年里10次奔赴贵州山区，捐建4所希望小学，为300多名贫困生找到爱心资助。

如今，孙影在大山里度过了五个生日。因为大山支教，年过30岁的她错失了爱情，但她无怨无悔。孙影融入了当地的生活，成为乡亲们眼中的“最美深圳女孩”。

——摘自《光明网》

在干事业的过程中，不要过多地追求物质，不要被外在的条件所困惑，所束缚。人不能成为物质的奴役，眼光瞄准前方，一心一意地奋斗，才有可能获得成功。过分的、无休止的物欲追求，会妨碍人对生命乐趣的享受，使人生变为一场苦役。只有淡化物欲，才能体会到人生的真味。

由此，我想起了河北省特级教师张丽钧老师的一篇文章，题目是:《我为什么不给你做家教》。在此，愿与大家一起分享。

我刚接这个年级的课，就有个学生找到我说："老师，跟您商量个事——您可不可以给我当家教？"我笑着告诉他说："不可以，因为没有这个必要。"没过几天，他的母亲又来找我，说："老师，我们知道您是全市'十佳教师'，您开个价吧，多少钱我们都认！"我吓了一跳——天哪，这对母子居然以为我有意在抬高身价！

我不做自己学生的家教，自然有我充分的理由，因为我自信已把全部的才智和学识毫无保留地投入到了课堂教学中，每一个45分钟我都掏空了自己，我绝不会"留一手"，绝不会在关键时刻戛然而止，然后，面不改色心不跳地对眼巴巴望着我的学生们说："欲知后事如何，咱们回家讲解。"我想，如果我没有能力在课堂上教会自己的学生，那是我的耻辱，我又有什么脸面拿自己的耻辱去接钱呢？站在讲台上，我常有一种"小材大用"的惶恐感，是这份神圣的职业使我卑微的生命变得无比高贵，我又怎敢懈怠、敷衍呢？我不能不对每一个喊我"老师"的学生负责。如果我的学生对我说，我讲的东西他确实没有学会，我会利用早晚自习或课余时间给他"开小灶"，在我看来，这就如同一个母亲给自己没吃饱的孩子加些餐饭一样自然。

我见过一些“课内损失课外补”的学生。他们用家教费购得了上课不听讲的特权。总以为自己错过了太阳还有太阳，错过了星星还有星星，所以，他便不肯拼全力学习，渐渐地，他变得慵懒起来，散漫起来——“小灶”惯坏了他的胃口，“正餐”令他不屑一顾。他常常会用炫耀的口吻跟自己的同学说：“昨天晚上，老师到我们家给我上了90块钱的课，我老爸还白给他抽了四根大中华呢！”可怜的孩子，他竟以为知识有价；可怜的老师，他到哪里去买尊严？

说实话，我远没有超脱到厌弃金钱的程度，我也曾在心里偷偷算过一笔账：一个晚上的家教费就可以买一支“羽西唇膏”呢！但我马上就反问自己：“涂了这样的唇膏，我怎么可能美丽？”

相信吧，相信有一种力量能比金钱更有力地支撑灵魂，相信每一个45分钟里都有捡拾不尽的黄金，相信有一种微笑能像阳光一样无私地照耀，相信不留退路的求索离成功最近。相信我，相信你，相信有一种风景是纯粹的美丽……

淡泊与宁静是一种心态，如果我们当老师的能够领悟到这其中的真谛，就不会因为物欲横流和人事沉浮而烦躁不安。

对我们来说，淡泊与宁静还是一种胸怀。如果我们当老师的能够用这种胸怀对待工作和生活，我们就不会倦息。

3. 释放痛苦、排除抑郁的良方——拥有一颗圣洁的心

教育是一种以人格来培养人格，以灵魂来塑造灵魂的崇高事业。所以，教师必须要有一颗圣洁的心。

> 当我们年幼无知的时候，我们需要有人浇灌，当我们陷入无边的沼泽时，我们需要有人牵引，当我们的心灵蒙上尘埃时，我们需要一把智慧而圣洁的拂尘，轻轻掸去尘土，而您，我敬爱的老师，就如同这把智慧而圣洁的拂尘，让我的心灵保持了光洁。

这是一位毕业多年的学生写给老师的一段话。时代需要我们拥有一颗圣洁的心，学生也渴求用我们那颗圣洁的心拂去蒙在孩子们心中的浮尘。

由此，我想起了安徽定远英华中学王国敏老师写的一篇文章，题目就是《教师要有点圣洁之心》。在此，愿与大家一起分享。

> 在今天许多人的眼中，拥有金钱、权力、地位和名誉几乎成了成功的标准。而安于清贫，甘于寂寞，以奉献为己任的人民教师似乎不再被人关注。即使在教师队伍中，也不再像过去那样纯洁。搞有偿家教，暗示学生送礼等做法，已经成为许多公办学校教师的家常便饭。更有甚者，打着“专家”和“名师”的旗号来沽名钓誉之辈也不在少数。这些现象简直让人眼花缭乱。一些在教师岗位上的人，也身在曹营心在汉，心猿意马；或怨天尤

人，作无奈叹息。

今年四川大地震给我们民族带来了灾难，同时也在无情地考验我们每个人，在灾难面前何去何从。答案却再一次告诉世人，教师是好样的。他们用自己的行动证明了自己是无愧的，无愧于人类灵魂工程师这个光荣称号的。社会再一次给了我们教师应有的称颂。

对于我们来说，阅读《热血师魂》简直是一次心灵的洗礼。一个人能够在关键时刻挺身而出，不顾自身安危，用自己单薄之躯，扛起爱和责任的重担。这是何等的了不起啊！我想，四川灾区的老师能够做到这一点，其原因恐怕还是在于平时有崇高的道德修养和精神境界。因为那些境界不高，素质低劣，善于钻营功名利禄之辈是无论如何也不会做到这一点的。

读这些文章，在震撼中反思自己在教育岗位上走过的路程，我觉得做一个人民教师，确实应该有一颗圣洁之心。古人云："慷慨赴死易，从容取义难。"要在平时的教育教学中，抵御生活中的各种诱惑，时刻以充满热情的心来对待每一个学生，对待自己的工作，如果没有一颗圣洁之心能做到吗?

首先，保持一颗圣洁之心，就是让自己在物欲横流的世俗空间，保持自己心灵世界的宁静和充实，保持心中那一份清凉，从而能够不断地保持对教育事业的热爱和执著，能够有一种崇高的精神境界和完美人格。

人生在世，不可避免要涉及一些物质上的追求，既然少不了荣辱得失，也必然与名誉、权力、地位发生纠葛。在这种情况下，能够心安理得地教好书，育好人，并且不是把教书育人仅仅看成一种谋生的职业，而是看成一件值得用心去做的事业，同时能够在工作中找到快乐，这本身就是一种境界。因为只有这样，才能发现教师这个行业的圣洁意义。只有把教育看成一种虽平凡但了不起的事业，才能在工作中产生动力，焕发出激情，也才能真正品味其成功的意义。

其次，保持一颗圣洁的心，就是以推己及人的仁爱精神为基础，进而能够在教育实践中焕发一种高尚的情怀，那就是对学生的无私关爱，关注他们的心灵和知识一起成长。

毋庸讳言，我们的教育对象的特殊性却让我们很难找到事业的成就感，没有辉煌，甚至有时还要受到学生和家长苛刻的挑剔和无端的责难。每每想到这里，我们的心真有点发凉的感觉。在这时我们还能保持旺盛的事业心，不受影响，就确实有点了不起。因为我们实际上经历了一次考验，一次思想境界和人格的考验。

在中华民族的历史上，志士仁人都强调了一个人应该有一种悲天悯人的情怀，有一种仁爱的精神，一种拯世济人的追求。我们不可能去做大事业，但我们在做改变人的事业。是的，改变一个不良学生，把他引导到健康成功的人生之旅，可以说我们积了大德，其意义绝不亚于多培养几个本科生。

诚然，我们的学生大都是义务教育的失败者。造成他们今天这个状况，其原因是多方面的。如果他们今天的状况不改变，他们明天就可能会前途暗淡，误入歧途，给自己和家庭带来的是痛苦，给社会带来的是危害。“救人一命，胜造七级浮屠。”我们虽然不是救人性命，拨正的却是他们人生的航向。这确实是功德无量的事啊！四川灾区的老师们为了孩子的生命奉献出一切，我们也为塑造学生的灵魂，而默默承受着一切。想到了这些，我们当然会感到我们是无愧的。比起那些所谓名校名师，我们没有必要菲薄自己，更没有必要瞧不起自己的事业。

再次，保持一颗圣洁的心，就是在困难和挫折面前不改变初衷，以强烈的责任感和坚韧的意志，来不断实践着我们的使命。

的确，实现我们的理想又是多么难啊！排除我们的自身缺陷和方法不当，客观上我们也时常有“劳而无功”的感觉。这时候我们应该有一种“知其不可而为之”的精神。两千多年前，孔子为了推行其理想，周游列国，不惜遭受多少人的白眼，受了多少委屈，几乎到了四处碰壁的地步，也没有丝毫的后悔，矢志不移，是何等的伟大啊！比起孔老夫子，我们只不过做了一些自己应该做的事，受一点委屈和挫折就患得患失，岂不是太不应该了吗？

最后，保持一颗圣洁的心，就是不断地提升自己，教育自己，让自己成为无愧于这个时代的“为人师表”。

教师是教育人的事业，那么首先要把自己教育好。无论宠辱得失，也能始终保持自己的信念不动摇；面对生活诱惑，而不放弃自己的理想和做人的原则；踏实苦干，不怨天尤人，即使自己在遭遇失败和挫折时，也不灰心丧气；在工作中不断地反省自己的缺点和不足，让自己不断地进步。做到这些，不仅有利于我们的工作，当一个优秀的教师，而且也让自己真正品尝到成功的快乐。

让我们永远有一颗圣洁的心，无愧于我们的事业。这实际上也是我们的精神财富。

教育是需要奉献的事业，是不断求真的科学，是不断创新的艺术；教育是人类摆脱愚昧和平庸，探索生命意义和美丽的途径；教育是民族文明、国家强盛的发动机。所以，教育必然需要教师有一颗丰饶的心灵，一个圣洁的灵魂，一种虔诚的情怀，一种追求完美人生信念的精神。

对我们来说，要有一颗圣洁的心，就要求我们在实际工作中，要加强学习，开阔视野。

情商较低的老师，常常易陷进一些误区而不自觉。这会损害教师处事的能力，打击教师的自尊自信。有研究发现，教师这个群体在工作中常见的低情商表现为以下三种障碍。

■ 缺乏自控能力

在冲动的情况下对学生进行处罚，这种经历大部分老师都有过，比如：罚站，罚抄作业，罚留校，讽刺，不让进教室。

教师对这些失控行为的解释通常为“恨铁不成钢”，但对学生施以暴力后，多数教师都后悔莫及。

有专家认为，教师体罚学生，是其自身情绪不健康的突出表现。教师缺乏自控能力是教师体罚学生的根本原因，也是损害教师形象的罪魁祸首。因此，教师要学会提高自控能力。

美国著名的“糖果实验”表明，人的自我管理情绪达到理智伴随情感的一种自律状态，是一个人获得成功的关键要素。优秀教师无一不是自控能力强的理智者，都表现出教师的高风亮节。他们不受金钱诱惑，保持纯洁的人格；他们面对难教的学生，不是体罚，而是动之以情、晓之以理、导之以行，保持爱生如子的人文关怀。

■ 缺乏自省意识

市场经济在发展的过程中，“一切向钱看”的拜金主义思想，也影响和侵蚀到了宁静的校园。各种形式的钱权交易严重破坏着校园风气。有偿家教、擅自向学生推销教学辅导材料等以教谋私的行为在教师中几乎遍地开花。这些现象使教师以身立教的作用大大削弱，有些教师已无法以自己的人格去影响学生的人格，学生也无法对这些教师产生崇敬之情，并对其所教的内容产生兴趣。

教师职业是一种教书育人的职业。“学高为师，德高为范。”教师是传道、授业者，社会对其品德行为方面的要求很高。要从事教师职业，就应当品学兼优，不能斤斤计较个人得失。教师要有高度的责任心，要自觉地把自己的全部知识、才华和爱心奉献给学生，奉献给教育事业。

教师这个群体中之所以出现以教谋私的行为，主要是因为有的教师受金钱至上、权钱交换等不正之风的影响，其人生观、价值观发生了偏差。因此，作为教师，应当时刻保持清醒的自省意识，加强对职业道德和职业精神的修炼。

■ 缺乏自励精神

现在，学生的素质参差不齐，这给教师的教育教学造成了一定的难度。尤其是那些学习困难的学生，他们在转化过程中可能会出现反复的现象，这更让教师感到棘手。在这种情况下，有的教师丧失了信心，没有了耐心，甚至动摇了终身从教的决心。对这些学生采取放弃的态度，便造成了大量学生厌学甚至辍学的后果。

出现这种现象，主要是由于教师缺乏自励精神和抗挫能力。教师在实践中遇到困难是难以避免的，产生畏难情绪和焦急心态也是正常的。然而，如果有自励精神，教师就可消除气馁情绪，振奋精神，提升职业境界。教师如果缺乏自励精神，就不会把这份不平常的工作与国家富强、民族振兴的神圣使命联系起来，与培养人才、完成科教兴国的重任联系起来，就不会把职业形象与人类灵魂的工程师、道德的化身、学生的楷模联系起来。教师不能自励，必然导致不敬业爱岗、遇到困难打退堂鼓、工作不负责任乃至放弃对部分学生的教育。

我国儒家学说强调“吾日三省吾身”，“人贵有自知之明”。西方人认为，“认识自己，你就是一座金矿”，“认识自己，就能超越自己”。总而言之，认识自己，就可以修炼自己的人格素质，塑造自己做人的典范形象。

——摘自《教师的幸福资本》雷玲 编著

拥有一颗圣洁的心，就会演绎出教育的精彩。

4. 学会合作——同行不是冤家

教师职业一个很大的特征就是“专业个人主义”。在日常的教学活动中，教师在大多数情况下依靠个人(至多是两个人)的力量来解决课堂里时刻出现的种种问题，往往与其他教师相互隔离而不是相互依赖。因此，教师的生活通常是“自给自足”的，“孤立”“孤单”是大多数教师日常工作的状态。

朱老师是一个中学的年轻老师，长久以来，有件事一直令她相当烦恼，那就是她和同事间几乎形同陌路。常见情形是，同事们经常在办公室做事，却很少有人说话，也没有笑声。每当她从教室回到办公室，本想放松一下，可是遇到这种所有人都沉默的情形，她就感到特别难受和压抑。她常常忍不住猜测其他人不说话的原因，想来想去总是觉得是否自己做错了什么，以至于惹得她们对自己不满，个个都显出不高兴的样子。

偶尔，办公室里的气氛也会轻松一会儿，四五个人在一起聊天，说说笑笑。那时她的心情会稍稍放松一些。但是这种情况实在太少了，多数时间她都特别紧张，生怕做错了什么，总是小心翼翼的，别人不讲话，她也就闷不做声。这样的日子令她越来越难以忍受。

——摘自《给教师的健康书》李林英 杨红英 主编

教师的职业特点使得教师往往缺乏合作研究的意识和习惯。所以，当要求教师相互合作的制度和措施突如其来的时候，当教师早已习惯的长期孤立和相互隔离的生活方式突然需要改变的时候，不少教师会感到不安和不适应，甚至拒绝合作。在这种心态的支配下，他们虽然表面上围坐在一起，一团和气，却并不能做到坦诚相待，彼此之间往往持有过强的防御意识。

池老师是一名中学老师，也是学校语文教研组组长。

有一次，同为语文教师的李老师做了一节公开课。在评课时，池老师坦率地指出了这节公开课存在的一些问题，并给李老师提了几点具体建议。她认为这是对李老师的真心帮助。

没想到，李老师却认为池老师是故意跟她过不去，成心败坏她的“形象”，后来找个机会居然对她大打出手。池老师的脸部多处被抓破。此事使池老师身心遭受到很大打击，脸部留下的伤疤让她长期无法自信地面对学生。

——摘自《给教师的健康书》 李林英 杨红英 主编

教师的这种防御意识反映到实际工作中，就是教师不愿意将自己实际面临的困惑和问题与同事分享。他们往往认为，将这些困惑和问题暴露在同事面前，也就相当于把自己的不足暴露在了同事面前，这样自己的思想和能力就会被同事认为处在一个很低的水平，自己在同事心目中的地位就会自然而然地下降，甚至会因此而遭受到同事的笑话。于是，他们往往宁可让自己面临的那些问题和困惑得不到解决，也绝不以牺牲同事对自己的良好看法为代价而去畅所欲言自己的真实想法。

由于有些教师之间的关系尚处于互相防备的不信任状态，因而不少教师没有形成积极接受他人意见和批评的开放心态。他们往往会因为别人提出批评意见或相反意见而滋生不满情绪；他们又常常认为，一旦自己把某位教师的问题或错误毫不客气地指出来，自己与这位教师的关系极有可能会因此而僵化。于是，他们常常会碍于情面而不愿指出别人的问题，不愿与别人针锋相对，尤其是在对上“公开课”的教师的表现进行评价时，教师往往习惯于多说好话，同时提一些不痛不痒的小问题，最后皆大欢喜。所以，教师要学会改变过强的防御意识，尽量让办公室形成相互鼓励和相互帮助的融洽氛围。

对教师来说，首先要意识到自身存在的防御意识，这种防御意识会妨碍他们彼此之间的坦诚相待，进而会妨碍他们对问题的深刻思考，会妨碍他们的行为观念、思维方法和知识结构。因此，为了个人的专业发展，应该摈弃互相防御的心态。同时，教师还要放下思想包袱，要明白，谁都有一个从不了解到了解的过程，有问题和困惑是正常的，其实任何人都面临着问题。这样教师就会释然了。

其次，教师要淡化心态，要自觉认识到，有效的合作研究其实是“互惠”的过程，而不是一个仅仅由自己单方面提供有用知识的过程。因为教师除了能从他人那里直接获得有益的理论知识和实践知识之外，自己所表述出来的观点或者会因为从其他教师那里得到呼应而被进一步得以验证和支撑，或者会因为受到其他教师的质疑而引起自己更为深入的思考。能认识到这一点，教师的心态就不再会过于保守了。

此外，教师还要清楚，自己所存在的问题或错误如果被指出来，不仅可以促发自己的反思，而且也有助于推动所有人的思考和进步；而且，指出问题是对事不对人，因此不仅要大方地接受别人的意见和挑战，还要善于大胆地说出别人存在的问题。这样，同事之间的关系才可以圆融起来，工作质量与效率也必然大大提高。

——摘自《给教师的健康书》 李林英 杨红英 主编

学校是一个团队，教师在学校里是作为教育团队中的一员来担负育人任务的。教育过程不可能只靠一两个教师来完成，而必须依靠整个教师团队的协作、配合才能完成。所谓独木难成林，这是学校教育方式的一个基本特点。从这一点来看，如何发挥教师团队的整体效应，是决定教育效果的关键。对我们来说，在实际工作中，要讲究良性竞争，达到事业共赢。

5. 学会宣泄——给自己的心灵放放假

面对存在个体差异的学生、频繁变动的教材、走马灯般的教学改革、外部多彩物质世界的诱惑、教育内部管理的无形压力、社会过高的期望等，常常使一些老师在体力、精力和能力上无法应付外界的要求，从而产生厌倦和畏惧工作的一种心理和生理反应。总觉得心里面堵得慌，烦心事在心中越压越多，越来越重，就像石头一样，甚至被压得喘不过气来。

陈真是一位工作认真负责的教师，因为工作劳累，经常显得疲惫不堪，面容憔悴，四十岁的他总被别人以为已经五十开外了。

在学校，他每天都要面对个性不一的几十个学生，时刻怕他们不听话，怕他们会出事，甚至睡觉也不安宁，梦里都牵挂着他们。学校又总有接踵而至的检查、记分排队、比赛、竞赛……所有的事让他应接不暇，忙得他心力交瘁，脾气暴躁。每次老同学见他都忍不住要对他的情况感慨一番，妻子也让他考虑早点退休算了。

——摘自《给教师的健康书》 李林英 杨红英 主编

当我们感觉疲惫倦怠的时候，当我们心里有不快的时候，合理地宣泄一番，放松一下心情，这样有利于清除你的情绪垃圾，达到精神按摩的作用。

面对压力和重负，一个人如果选择经常压抑自己的心情，长期下去可能会导致抑郁症，因此，当消极情绪出现时还是把它宣泄出来为佳。而正确地表达自己就是宣泄情绪的一种良好的方式。

教师的烦恼、压力，生理、心理上的一切变化皆可倾诉记录，可以说，写作就是一种效果显著的宣泄办法，教师只要一张纸、一枝笔，无论何时何地都可以进行。在新课改背景下，教师可以多写教育教学日记或随笔，因为这种原生态的教育教学日记或随笔是教师真实生活的反映，是对教师专业发展问题的真实记录。教师写教育教学日记或者随笔，不失为一种有效的认识自我、宣泄压力的方式，不仅可以为教师自己，而且也可以为学校和教育专家解决教师心理问题找到医治的良方。

找一个值得信赖的人将心中的想法、内心的苦闷甚至是难以启齿的秘密统统讲出来，以缓解精神压力，这也不失为一个良方。来自家人、朋友的理解、关怀是一种情感上的支持，必会让人备感欣慰。倾诉，能使人看到生活的积极面，以积极的态度面对人生。快乐与人分享，是更大的快乐；痛苦与人分担，就可以减轻痛苦。

能够找人倾诉是教师之间融洽的人际关系和教师的家庭成员之间高度责任感的体现。教师只有不断地加强与同事及家人之间的交流交往，保持自身与社会的平衡，将自己和谐地融入社会、同事之中，才能保证健康的心理状态。当然，也必须谨记，在家庭成员和同事面前寻求帮助必须适度，不能永无止境。

——摘自《给教师的健康书》 李林英 杨红英 主编

学会宣泄，给自己的心灵放放假。你就会发现生活中的每一天都是阳光明媚的。

随着工作、生活节奏的加快，大多数情况下，教师与领导、同事之间的交流越来越少。同时，独生子女问题又加大了新一代学生的管理难度。

因此，教师随身携带一个小皮球或者别的什么有自我暗示性质的东西，遇到压力过大需要宣泄的时候，就挤一挤、捏一捏或者动用一下小暴力，以此制怒。显然要比在众目睽睽之下与同事、领导吵架或者大骂学生甚至公然打学生要好得多。这是一种通过适当渠道把胸中的郁闷释放出来的方法。

另外，运动和游戏也是一种相当好的宣泄方式。一个人情绪不稳定时，肌体产生大量的能量，这时可以通过运动把这些多余的能量释放出去，打打球，跑跑步，干干家务等都是不错的选择。游戏也可以使过分压抑的情绪得到发泄，如打沙袋、拳击等，这类运动会使人觉得趣味盎然，兴奋不已。运动式的宣泄方式不会使情绪郁积，以致危害身体，而且可以防止因大发雷霆而做出不可挽回的事。

此外，建议大家安排好时间，到外面去转转，大自然是慷慨的，带给我们的欢乐是无限的，不必把自己禁锢在校园之内，不必整日在灯下漫笔。放松自己的神经，活动一下筋骨，暂离劳顿，嗅嗅花香，闻闻鸟语，摸一摸绿草的温柔，看一看夕阳的余晖，这些都会令人遐想联翩，心旷神怡，一扫工作的困顿，心情的烦闷，它不仅会带给我们心灵的净化，也会给我们几多创造的灵感。回来后再想想，也许就觉得原先那些烦恼的确没有什么“意思”。

——摘自《给教师的健康书》 李林英 杨红英 主编

学会宣泄，给自己的心灵放放假。不仅有助于教育教学工作，更重要的是能修养身心，保持自己良好的心态。

6. 学会感恩——感恩是一种大智慧

在水中放进一块小小的明矾，就能沉淀所有的渣滓；如果在我们的心中培植一种感恩的思想，就可以沉淀出许多的浮躁与不安，就能消融许多的不满与不幸。活在感恩的世界里，世界将变得一片美好。

江苏省羊尖高级中学李婕老师说：

……生活中，值得我们敬重与感激的人或物很多，感恩是一种达观的人生态度，是知足常乐的心态。作为一名教师，如果能怀着感恩之心去看待学生，你会被学生眼中饱含的渴望和纯真所鼓舞；被学生对你的尊重和认可所愉悦；被节日里的卡片、小礼物所深深感动……你也会发现学生是如此可爱，生活是如此美好。反之，总是埋怨、指责、敌视、不满，会让自己的心情变得很糟糕，自然没有幸福感可言。所以，常怀一颗感恩的心的教师，一定是时常面带笑容，挺直腰板，给学生们力量与信心的教师。一个幸福快乐的教师，才会有一群幸福快乐的学生……

当我们怀着一颗感恩的心走进学校，我们会发现我们走进了一片圣土；当我们怀着一颗感恩的心走进课堂，我们会发现我们走进了圣洁的殿堂；当我们怀着一颗感恩的心走进学生之中，我们会发现我们走进了一团团似锦的鲜花。

这是贵州凤冈县二中王跃敏老师的一篇文章《教师节里我要感

谢学生》，很值得一读。

教师节又如期而至，想起两年前的教师节，学生们带给我的那份特别的感动，一直在温暖着我的生活。

那天，手机里有已毕业的学生发来的短信祝福，邮箱里有他们发来的节日卡。更令我感动的是收到在教学生的特别礼物——“纸言片语”，每个学生在一张小纸片写上一句最想对老师说的话。“Teacher” is the most respectful word in the word——让我备感职业的自豪感；“Happy Teachers’ Day. Best Wishes for You!”——让我品出了生活的新意；“计划过多，过于认真而爱反复唠叨，让人心烦”使我反思自己的课堂并找到了拨动事业桨的方向；“期待您经常穿一些大点的衣服，那样看起来更美”的建议和“因可爱而美丽的女人，因认真而令人尊敬的女人”的评定，让我增添了生活的信心；“到现在为止，英语让我们痛了七百多个日日夜夜，到今天，仍在继续，那是因为您的鼓励与努力”让我更加明白一个教师，特别是一个英语教师应有的职责。

感动来自学生。于是，我想急切地表达我对学生的感谢之情。

当学校评定某班为“先进班级”时，该班教师自然得到了荣誉。然而，有几个老师想到要感谢班里的学生呢？无数的掌声和鲜花造就了所谓德高望重的恩师，却把学生给予的配合与支持抛在一边。

我们永远都不会忘记：第一次上课时的腼腆，第一次在全校教师面前上公开课的紧张。然而，这些都在学生的宽容和尊敬中变得轻松，逐渐地成长为有经验的老师。当然，这其中离不开自己的努力、领导的关心、同事的帮助，但帮助最大的应该是你的学生，是他们甘愿做“试验品”，让我们在不断的尝试和积累中慢慢提高自己的教学水平。

一批批学生离开了我们，也带给了我们一次次的感动。他们用纯真的心灵营造了难以忘怀的欢乐。感谢可爱的学生们，因为你们让我们懂得了教育不是单纯的教与学，而是相互依赖的生命与生命的对流，灵魂与灵魂的呼唤，是一种精神的延续与心灵的传导；感谢可爱的学生们，因为是你们用实际行动告诉我们，你们是一个个拥有自己的思想和生活独特见解的精灵，你们想要接受的是独树一帜的思维方式，需要的是与众不同的学术涵养，编织的是卓尔不群的信仰追求；感谢可爱的学生们，因为你们出色的表现，促使了我们对教学有更高的追求，我们才能不断地更好地设计和武装自己，让我们的精神世界更加丰富，让我们的心更加超凡。

我们会永远记住：永远怀揣一颗感谢学生的心，给予学生最真挚的爱，不只关心冷冰冰的分数，还要关心学生的精神生活；记住学生才是永远给教师注入源头活水的人；记住学生是教师的一面镜子，促使教师警醒和反思；记住只有学生才能使教师真真正正地不断进步！

感谢你们——我可爱的学生们！

一颗感恩的心，就是一粒爱的种子。当我们懂得感恩的时候，就会将感恩化作一种充满爱意的行动，实践于生活中。因为感恩不是简单的报恩，感恩是一种追求阳光心态的人生境界。

感谢学生——给了我自信，激发了我无穷的工作热情和灵感；

感谢学生——给了我责任感，让我学会用广博、宽厚的师爱包容所有的孩子；

感谢学生——给了我快乐和幸福，让我由衷地生发出对生活更深层的热爱；

感谢学生——给了我更深重的使命感，让我不知疲倦地引知识泉浇其心骨，点智慧火亮其旅程，竖灵魂峰壮其行色，让我知道我的事业只有起点，没有终点……

这首小诗，是我在一篇文章中偶然看到的，虽然文章没有标注出是哪位教师的佳作，但从中可以看到作者的那片浓浓的感恩之心。感恩是一种美德；感恩是一种心态；感恩更是一种行动。作为教师，我们要用一颗感恩的心去影响学生，去教育学生。让我们的孩子在爱的阳光的普照下幸福、快乐地成长。这样我们就是阳光下最快乐的老师，我们的学生就是阳光下最幸福的学生。让感恩长驻我们的心间，这个世界会因此而变得越来越美好，越来越阳光灿烂！

课后感言

人生总要成就一点事业，谁都不愿意碌碌无为地度过。人生价值的实现主要是看对社会的责任和贡献，贡献越多，人生价值便越大。一个教师的价值不在于他的存在是否得到了社会的认可，而在于他为社会、为学生、为教育事业奉献了什么，尽到了什么责任。教师对教育事业要矢志不渝，要有“捧着一颗心来，不带半根草去”的大爱。我们应该把全部的执著和爱倾注到这“太阳底下最光辉的职业”，去续写那无悔的人生。

……

淡泊名利，这是由教师这一职业的特性决定的。教师是一种宁静的工作，心有旁骛是行不通的。教师的职业注定安于平凡，淡泊名利，讲究职业良心，只有不求闻达不慕名利，不慕富贵，甘为人梯，乐教勤业，以平常人的心态，高高兴兴的心情去做实实在在的事情才是教师具有的崇高而伟大的敬业精神。……教师的心有多大，学生的舞台就有多大，只要努力了肯定会有收获。“淡泊名利，潜心育人”是教师应该追求的目标，也是做教师的幸福。

……

教育是需要奉献的事业，是不断求真的科学，是不断创新的艺术；教育是人类摆脱愚昧和平庸，探索生命意义和美丽的途径；教育是民族文明、国家强盛的发动机。所以，教育必然需要教师有一颗丰饶的心灵，一个圣洁的灵魂，一种虔诚的情怀，一种追求完美人生信念的精神。一颗不够丰润、宽广和深邃的心灵，自然不会演绎出教育的精彩。我们做教师的还是应该秉承“一支粉笔，两袖清风，三尺讲台，四季诗意”，以圣洁的心，教纯净的书。

……

学校是一个团队，教师在学校里是作为教育团队中的一员来担负育人任务的。教育过程不可能只靠一两个教师来完成，而必须依靠整个教师团队的协作、配合才能完成。所谓独木难成林，团队环境对每一位教师都有十分重要的影响，在一个团队中，教师的心理与行为通常都会受到团队环境中多方面因素的影响，教师要想很好地适应所在的团队，就必须处理好个人与团队的关系。

……

一个人的心情影响着自己的一生，人们都希望自己有一个美好的心情，也就是有一个平淡祥和的心态。古人曰："卒然临之而不惊，无故加之而不怒。"学会制怒，不仅是修身之道，也应是教师必备的心理素质。我们要用理智的"闸门"控制住情绪的"洪水"，遇到急事，可以反复提醒自己："沉住气，别发火，要冷静。"相信自己会处理好的，紧张的情绪就会松弛下来。这样历练自己平和的心态，你就会逐渐感悟到工作的快乐和幸福。

……

当我们感觉疲惫倦怠的时候，当我们心里有不快的时候，不妨宣泄一番，放松一下心情，这样有利于清除你的情绪垃圾，达到精神按摩的作用。我们要学会辩证地看待问题，及时进行自我调节，让郁积在心里的不快得到释放、宣泄，这是保证心理健康的一种很好的方法。学会宣泄，给自己的心灵做做按摩。只要学会发泄，卸去心中沉重的包袱，泄去心中久积的垃圾，别跟自己过不去，越过自己这道坎，你就会发现每一天其实都是阳光明媚。

合理宣泄，给自己的心灵放放假。不仅有助于教育教学工作，更重要的是能修养身心，保持自己良好的心态。

……

感恩是一份美好的感情，更是一种健康的心态；是一种良知，更是一种动力。一个懂得感恩的人，生命才会得到滋润；一个懂得感恩的人，才是天底下最富有的人；一个懂得感恩的人生，才能拥有充实而快乐的人生。当我们怀着一颗感恩的心走进学校，我们会发现我们走进了一片圣土；当我们怀着一颗感恩的心走进课堂，我们会发现我们走进了圣洁的殿堂；当我们怀着一颗感恩的心走进学生之中，我们会发现我们走进了一团团似锦的鲜花。感恩长驻我们的心间，这个世界会因此而变得越来越美好，越来越阳光灿烂！

第六课 感悟教育使命，品味教育人生

1. 为谁辛苦为谁甜——敬业最大的受益者是你自己

老师们每天披星戴月地上班，辛辛苦苦地备课；精心设计一节节课堂教学，细心批阅一份份学生作业；耐心讲解一个个知识要点，苦心劝导一个个莘莘学子；心系教学一日日，牵念学生一年年。有考试成绩的压力，有淘气孩子的伤害，有自我效能感的缺失，有顾不得自己、家庭、亲人的遗憾……

教师的职业就是如此辛苦，教师的工作就是如此沉重；在辛苦而沉重的压力下，教师能否具有幸福感？教师的幸福又在哪里？

> 幸福在哪里，朋友啊告诉你，它不在教鞭下，也不在分数里，它在诗意的晨诵中，它在美妙的午读里。啊，幸福就在你闪光的暮省里。幸福在哪里，朋友啊告诉你，它不在灯光下，它不在题海里，她在温馨的共读中，她在快乐的共写里，啊，幸福就在咱共同的生活里。幸福在哪里，朋友啊告诉你，它不在霓虹下，也不在酒杯里，她在理想的愿景中，它在田野的行动里，啊，幸福就在你芬芳的果实里！幸福在哪里，朋友啊告诉你，它不在

名利下，也不在地位里，它在悲悯的情怀里，它在合作的精神里，啊！幸福，就在这全新的教育里！

这是河南焦作一位名叫“麦苗青青”的老师在题为“幸福在哪里”的教师沙龙上唱的一首歌。听到这首歌，我突然想起了我们区的一位名叫王晓华的老师写的一篇教育随笔，题目是：《拥有了学生，就拥有了幸福》，让我感动，在此愿与大家一起分享。

时间的脚步真的是永不停歇，匆匆如流水，灼灼如流星。2008年9月，我充满期待地驻足在平谷这片多情的土地上，成为一名光荣的人民教师。而今，我已经在班主任的工作岗位上走过了三年多的旅程。三年的时间，一千多个日日夜夜，我和我的学生一样，褪去了几份青涩与彷徨，多了一些蜕变的感动和收获。

如果有人问我：“教师的幸福是什么？”我会不假思索地回答：“感受学生纯真的情感最幸福。”

……三年的班主任经历使我懂得：世界之所以美丽是因为有爱的存在。因为有爱，人间才会如此温暖。因为有爱，人们才会如此幸福。

记得去年11月份，我得了急性肺炎，有一周未能到校上课，我很着急，毕竟所带的是毕业班的学生。很多同学给我发来了短信表示慰问，我说，我很快就能去上课了。可同学们说：“您别急，一定要把病养好，您放心，我们现在比平时加倍地学习语文，绝不会给您丢脸！”这是正在准备高考的学生啊，在他们人生最关键的时段里，想到的不是自己的学习被老师耽误了，而是在想怎么样才能让他们的老师不丢脸！看到这个短信，我的眼睛湿润了，我十分欣慰，我的学生学会了理解和爱，我也为此感动着，幸福着。

“为什么我的眼里常含着泪水，因为我对这片土地爱得深沉。”每次读到艾青先生的这句诗，我都禁不住想，诗人的情感世界里究竟有着怎样的感动，而这些感动又是怎样化作澎湃的激情的？三年的班主任工作，我终于找到了答案：正是我的学生们给了我一个心心相融、息息相通的世界，让我从他们的感动中沉淀出一份对班主任工作炽热的激情。

在西方流传着一句据说是来自我们中国的古老谚语：如果你想要几小时的幸福，就去喝醉吧；如果你想要三年的幸福，就去结婚吧；如果你想要一辈子的幸福，就去做园丁吧！我将把对学生的爱化作一种动力，把对学生的感激化作一种信念，努力工作。三年的班主任经历升华了我的生活，铸造了我的信念，萃取了我的人生真谛，也让我看到了更高层次的幸福源泉。任凭岁月更迭世事沧桑，任凭青春流逝红颜憔悴，我会永守心中这盏幸福之灯。

当我们走在校园里或大街上，会时不时地听到老师长老师短地叫来叫去；当我们因事因病有一段时间没来上班，种种问候的信息通过各种渠道传来；当我们再走进教室，就会被学生团团围住；尤其是当学生毕业之后，节假日里，天南海北的学生发来问候或者登门拜访……那份感受是旁人无法理解和体会的。

有一个日子，我们不会忽略——九月十日教师节；有一个身影，已烙在我们心中——我们亲爱的老师。

当菊花悄然绽放的时候，我就想起应该用它为您祝福；菊花静静地绽放在我心深处，您在这个季节里将成为人们仰望的高度。

老师，您是蚌，用爱去舐着、磨着、浸着、洗着那好似沙粒的我们。经年累月，沙粒便成了一颗颗珍珠，光彩熠熠。您工作在今朝，却建设着祖国的明天；您教学在课堂，成就却在祖国的四面八方！您不是歌唱家，却让知识的清泉叮咚作响；您不是雕塑家，却塑造着一批批青年人的灵魂。

您讲的课是那样丰富多彩，每一个章节都仿佛在我们面前打开一扇扇窗，让我们看到一个斑斓的新世界；您的言语，悦耳像叮咚的山泉，亲切似潺潺的小溪，激越如奔泻的江流。啊，老师，有了您，花园才这般美丽，大地才充满春意！老师，快推开窗子吧，这满园的春色，这满园的桃李，都在向您敬礼！

我们对老师的爱，犹如一朵朵的菊花美丽地盛开。老师对我们的爱恰似山林中那醉红的秋叶。您的爱，太阳一般温暖，春风一般和煦，清泉一般甘甜；您的爱，比父爱更严峻，比母爱更细腻，比友爱更纯洁。老师，您的爱，最伟大，最高洁。

恩比青天，广施甘露千株翠；节犹黄菊，报得春风一寸丹。假如我能搏击蓝天，那是您给了我腾飞的翅膀；假如我是激浪的勇士，那是您给了我弄潮的力量；假如我是不灭的火炬，那是您给了我青春的光亮！

老师啊，我们对您的感激千言万语也无法表达，对您的祝福百千万年也不会改变！老师，我要为您献上一束黄菊，让菊花的香气溢满九月，让您与日月齐明，祝您节日快乐！

这是我的一个学生写给我的一封信。这么多年了，每当我看到学生们给我写的一封封来信，我真的满眼是幸福。

我们这些当老师的熔铸的是理想，燃烧的是激情；领悟的是哲理，培育的是雄心；激发的是热火，喷涌的是青春；沸腾的是热情，震撼的是心灵；凝聚的是智慧，腾飞的是生命；荟萃的是精英，涌动的是爱心；收获的是享受，担负的是使命；创造的是奇迹，点燃的是火种。

敬业最大的受益者是你自己。对我们来说，一种工作，你没有经历过就不知其中的艰辛；一种艰辛，你没有体会过就不知其中的快乐。

2. 换一种眼光看教育——辛苦不等于敬业

作为一名教师，无不深谙工作中的艰辛。事无巨细，时间不分早晚，每天做着一大堆的事，说着一大堆的话，忙得不可开交。有时虽忙却收效甚微，结果往往是事倍功半，有时甚至出现事与愿违的现象。这样年年周而复始地循环工作，往往弄得我们面带倦容、心力交瘁、身心疲惫。

早上5点半，王老师轻轻地起床，爱人和孩子还在熟睡中。今年她带了一个毕业班，早上7点上早自习，她得过去监督。上了一上午课，中午下班了，但是她不能回家，因为最近她发现有个原来成绩还不错的孩子现在有点不愿意学习，上课精神也不集中。她想利用中午时间找她来谈心，看看到底是怎么回事，她不想让任何一个学生在这个节骨眼上出现问题。校长也已经跟她谈过几次，让她一定要抓好这个班级，这个班考得好与坏直接关系着学校的荣誉，也关系到她个人的荣誉。在食堂吃饭时，很多同事跟她打招呼，她就简单地应付一下，真是不愿意多说话。下午下班后本来想回家给孩子和爱人做点热乎乎的饭菜，没想到有一个家长来学校，想跟班主任交流一下孩子的问题，这是个单亲家庭。晚上监督完晚自习，已经9点了，她这才拖着疲惫的身躯回到了家里。丈夫有点不高兴，因为婆婆病了，但是她却一直没有过去看看。孩子已经睡着，一天她也没跟孩子说上一句话。看着闷闷不乐的丈夫，看着熟睡的孩子，她突然觉得很累，很烦，她不想跟丈夫说什么。她觉得自己有点讨厌这个职业，压力总是那么大，她几乎没有时间和丈夫孩子交流感情，也没有时间去做别的事，就算有时间她可能也没有心情去和亲戚朋友交流沟通，她只想静一静。

从这个故事中，我们可以看出，王老师一天的教学是忙碌的，她已经没有时间去顾及家庭，她对丈夫与孩子产生了愧疚。长期以来学校与家庭的压力使得王老师疲惫，这种疲惫不仅来自身体，更重要的是来自心理，来自对教师这一职业的倦怠。倦怠不仅影响了刘老师教学的热情，而且使她的人际交往受到一定程度的损害。

——摘自《教师网》

我们不禁要问，难道这就是我们所要提倡的教师的工作方式和生活状况吗？难道这就是我们一贯持有的优秀教师的标尺吗？难道我们这些当教师的只有牺牲了健康、家庭、亲情才能获得社会和大众的认可吗？

读了王栋生老师的《不跪着教书》《前方是什么》，不禁掩书长叹："这才是个合格的教师！"

在我的心目中，"合格的教师"就是"真正的教师"。

长叹之后，是深思和追问：教师这个职业意味着什么？怎样才无愧为人之师？教师，他(她)必会有、应该有什么情感、心理、思维、观念、修养、气质、品格呢？

平常心，正常情。

教师首先是有"人"的意识、情感健全的人。

王栋生老师的教育随笔，常给人以震撼。《"模范"如是说》就是其中的一篇。文章谈到了在教育表彰大会上，有"模范教师"介绍经验，说自己如何为了坚守讲台，而不顾照顾家庭，以致妻子瘫痪，老父含恨而死，无暇关心女儿的学习，连自己也延误治疗而落下终身残疾……据说这就是教师的无私奉献云云。王栋生拍案而起，怒声问道："一个人，连妻子都不爱，连子女也不爱，连父母都不爱，却说热爱自己的'岗位'，爱自己的学生，这种话，你相信吗？他的人生目的是什么？他抛弃了所有的亲人，只是为了能站在讲台上？"他一针见血地指出，"为工作牺牲亲情，牺牲亲人，这其实是一种变态的极端的个人主义，是极不人道的"，"至少是麻木和虚伪的"。

由此得出的结论是："教师当有正当的人性。一个人没有'人'的意识，没有正常人的思想感情，那就不能从事教育工作。"——这里提出的是一个重要的、基本性的教育观和教师观，也是王栋生教育思想的出发点和归宿：教育"要以人为本，要有人情，要体现人道精神"（《跑，还是别跑？》），"不近人情"，就"近于野蛮"（《昨天的故事》）。

而以这样的失去正当人性的教师为模范的教育，就必然是"反人道的教育"："它破坏的是基本的伦常，毁灭的是人性。"王栋生老师质问道："教育的目的是什么？难道是为了让学生都成为连生命也不知道珍惜的人，成为六亲不认的人？"

……

因此，王栋生老师断然拒绝了把教师比做"春蚕""蜡烛"的所谓"贡献"论。这种理论竭力渲染教师工作的悲壮性："似乎这不是一种令人尊敬的职业，这是人要为之牺牲的一场苦难，是一条殉道者的路。"然而，这是地地道道的伪理论，不仅它的提倡者自己不准备实行，是伪善的，而且它和中国历代统治者都在宣扬、至今也还有人津津乐道的安贫乐道论一样，都是一种驾驭术：那些"衣冠楚楚的各级官僚”，他们“穿着丝绸”，放纵地享乐，“希望除自己以外的所有人都像春蚕一样默默地吐着有用的丝”。

不，我们不是春蚕和蜡烛，我们是人，我们有人的意识、情感、欲望，因此，我们懂得如何维护自己的人的权利，绝不为官僚们去作无私奉献；我们也知道自己的生存价值，不需要官僚们来教我们如何认识教师工作的性质和意义：“我们不仅是庄严的劳动者，而且是爱的使者，因为有我们的工作，孩子们变成有感情的人，懂得尊重人的人。”(《别再称我们是春蚕，好吗？》)“教师是一种适合我的职业”，“一个人在做他所热爱的事，也就谈不上什么‘奉献’；我对自己的选择负责，也同时享受自己的选择：如此而已”(《这是一种适合我的职业》)。

人的教育，应该由感情正常、健康、丰富的人来承担。

——摘自《做教师真难，真好》钱理群 著

教育应该是快乐的，作为一名教育工作者，我们在给社会带来快乐的同时也应该给自己和家庭带来快乐。

由此，我想起了我在《教育科学论坛》上读过的李镇西的一篇文章，题目是:《幸福比“优秀”更重要》。

我现在越来越坚定地认为，一个教师，是否“优秀”不是最重要，是否“卓越”也无关紧要，最最关键的是，是否“幸福”！

所谓“优秀”，至少有两个含义，一是指我们做出比别人相对出色一些的工作及成果；二是指我们获得的各种荣誉称号。不管是在哪个意义上使用“优秀”这个概念，我都认为幸福比“优秀”更重要！

如果是在第一个层面说“优秀”，那么我们总要和别人比，因为“优秀”总是相对而言；因为比较，我们求胜心切，我们精益求精，我们永不满足……当然，从积极意义上看，这正是我们上进心的表现，“永争第一”嘛！但同时，在这比较的过程中，我们渐渐失去了平常心，失去了从容淡定，失去了“慢教育”的智慧，也失去了教育的优雅与情趣，甚至我们潜在的或者说沉睡的功利心渐渐复萌，让我们备受折磨，于是，教育的幸福也不知不觉地远离我们。

如果是在第二个层面说“优秀”，那么我们免不了要关注教育以外的人和事，因为“优秀”不能自己说了算，总得要人家来评比和举荐。也许你的工作的确比别人做得好。比如，去年高考你班出了个县“状元”，于是你自认为优秀，可这次学校却只有一个“优秀”的名额，而还有比你更优秀的——和你同一教研组的一个同事，他们班还出了个市“状元”呢！于是，这“优秀”的桂冠便落到了别人的头上。你想“优秀”也不能。何况，如果你所在的学校风气不那么正，即使你的工作和成果的确出类拔萃，可是你不善于搞庸俗的人脉，更不善于和领导拉关系，那无论是群众投票，还是领导推荐，人家就是不让你“优秀”！

想“优秀”而不得，怎么办？我的回答是，那就别管什么“优秀”不“优秀”啦，还是追求纯粹的教育幸福吧！

因为“优秀”与否是别人的评价且未必客观，而“幸福”与否是自己的感觉。

——摘编自《教育科学论坛》2011第10期，有删改。

对我们来说，辛苦不等于敬业。

21世纪的教育改革，需要拥有全新教育理念的教师。教师要由“经验型”向“研究型”转变，从“教书匠”向“研究者”转化。

教师的教学和研究，是对立统一的，两者各有特点，又相互依存、相互促进。教学离不开教育科研的指导，研究也离不开教学实践，只有将两者辩证统一起来，才能推动教师研究乃至教师的专业发展。因此，“以教促研”“以研促教”，让教学和研究相互促进，即“在教中研”，以达到“教研相长”，是教师研究的必由之路。

教中研，研中教，以教催生研，以研提升教。对一线教师而言，教育科研根于实践，源于问题。亲近学生、走进课堂，是“田野式”“草根式”的鲜活的教育科研，是教师专业发展中不可或缺的催化剂。

我们发现，通过教育科研，可以激活问题意识，迸发思想火花，从而寻求教学对策，拓展教育境界。可以说，重行动、重过程的一线教育科研，就是教师的自我锤炼和自我超越。教育科研的主阵地是课堂。课堂教学方式的改变，促成了教师的“教”和学生的“学”双主体地位的确立，提高了课堂教学质量。教师在课堂上的科研意识、课后反思以及教学札记案例，使教育科研和教学融为一体，促进教师的业务素质不断提高。

教师只有遵循“教研相长”的规律，走“教中研，研中教”之路，才有可能使自己的教学逐渐趋向并达到合目的性和合规律性的统一，才有可能使自己走上专业发展之路，在日常教学生活中发现和提炼生命的幸福。

——摘自《教师的幸福资本》 雷玲 编著

我们只有把自身的时间与精力做合理而科学的安排，使自己的先进的教育理念和教育理论素养、对教材的理解与领悟、教育教学的研究能力、现代教育技术的运用等综合能力不断有所提升，这才是更科学、更高层次的敬业。

3. 忙要忙到点子上——用对方法做对事

教师的敬业精神是社会上任何一个行业所无法比拟的。尤其是现在，教师工作的难度之大，遇到的问题之多，思想负担之沉重，是局外人难以想象的。所以，老师们都很忙。

忙要忙到点子上。点子在哪儿啊？

在现实生活中，这样的现象不在少数：一些教师上课很认真，教学效果也不错，但他们就是不喜欢写反思，不喜欢对自己的教育教学进行深入地研究、创新。他们通常认为，该做的做了，该说的说了，上完了课就万事大吉了。

新课程的实施，对教师的工作、学习提出了更高的要求。在传统教学中，教师的角色是大纲和教材的解说者、知识的传授者和灌输者、应对各种考试的组织者，教师可以凭借自己已有的知识和经验较好地完成教学任务。但新的课程改革在要求教师成为学生学习的组织者、引导者和合作者的同时，还要求教师成为一名研究者，成为一名研究型的教师。对于相当数量的教师来讲，完成这样的角色转变，从根本上改革自己多年来形成的教学方式，是一件复杂和痛苦的事情。

其实，对于广大教师来说，课题就是教育实践中要解决的问题。研究始于问题，这就需要教师有一双善于发现、善于质疑的眼睛。教学其实就是科学，其价值在于求真。教学的最高境界是教学研究，教师只有在教学中不断地提高自己的研究能力，才能适应社会的变化，实现自我的可持续发展。教师进行教学研究时，应注意以下几点：

■ 教师应该从最近发展区寻找生长点

分析自身的研究现状和研究能力，明确自己的专业知识及对教材体系的把握，这些都是教师开展教育教学研究的方向。从已知教学区域向未知教学区域拓展，从自身的最近发展区寻找研究课题的生长点，是教师开展研究的最佳发展方向。

■ 教师应该从现实问题中找到突破点

很多年轻教师抱怨找不到研究的方向，也有一些老教师表示不满——“我的教学效果已经很好了，没有什么必要做研究。”他们面对新课程的要求感到茫然。

教师的研究课题应该从哪儿来？最简单的方法就是从现实问题中找到突破点。教师在教学生活中在对教材的理解、教学方法的选择、认识学生的方法、教学质量的评价、教学效果的预测、教学手段的取舍等方面会产生一些困惑，这些困惑、困难、问题就是需要我们去研究解决的课题。

■ 教师应该从教学发展中抓住着力点

综观我国历次课程改革的进程，每次都会引发课堂教学方法的巨大变革。这次新课程改革在教学理念上提出了许多新的见解，比如，在教师定位上产生了变化：教师是教学的组织者、引导者；在教学方法上发生了变化：提倡合作性学习、研究性学习等；在教师发展方向上也发生了变化：要求教师发展成为研究型教师、学者型教师……

因此，作为当代教师，应该敏锐地、充分地、深刻地理解由于教育理念更新引起的教学理念变革的本质，从本质上反思自己的教育教学现状，并付诸行动。在这个反思过程中，教师自然会发现有许多新的内容需要自己去研究解决。而作为一名教师，应该从教学中抓住主要的内容，有计划地选择适合自身研究条件的课题来开展研究。

■ 教师应该从整体规划中开发空白点

在终身学习的时代，规划对于每个人来说都是必不可少的。选择了教师这一职业，就应该对自己的职业生涯进行整体规划。而教师的专业成长，则要求教师有一个学习和钻研的系统、整体的规划方案，以此来促进自身专业发展。

一个教师如果已经开始有规划地提升自己的专业水平，通常会十分关注自己已开展的研究过程和内容，并随时准备进一步修订原有的教学研究计划，根据需要将过去没有考虑的研究课题重新纳入原有规划中，继续扩大研究范围，增加研究深度，时刻思考如何完善原有的教学研究规划，成为教学研究的有心人。

——摘自《教师的幸福资本》雷玲 编著

教学其实就是科学，其价值在于求真。教学的最高境界是教学研究，教师只有在教学中不断地提高自己的研究能力，才能适应社会的变化，实现自我的可持续发展。

著名教育家苏霍姆林斯基说："如果你想让教师的劳动能够给教师带来一些乐趣，使天天上课不至于变成一种单调乏味的义务，那你就应当引导每一位教师走上从事研究的这条幸福的道路上来。"

走教师研究之路，要在"教中研，研中教"的过程中把握以下几点。

■ 教师要从事研究，就要重视教学实践

我国的中小学教师，承担着繁重的教学任务，从事琐碎的日常工作，受文献、设备等客观条件的限制，主观上也存在理论功底方面的不足。这是从事教师研究的弱点。但是也正因如此，教师才能拥有丰富的实践经验，教师的研究才能和教学实践紧紧联系在一起，从而避免理论与实践的脱节。

因此，教师要从事研究，就要重视教学实践。

教师的教学实践经验、实践知识和实践智慧越丰富，其研究越发接近教育教学的规律与本质，越发使教学与研究做到合目的性与合规律性的统一，从而逐步走向自由自觉。具有研究意识的教师，往往更加重视教学，且以研究的姿态去从事教学。

■ 转换研究视角，有助于唤醒教师的发现意识

不少一线教师常常感叹没有东西可研究，找不到研究的旨趣。实际上，即使教师开始研究自己的教学生活和教育世界，也常苦于少有发现和创新。

虽然这个问题比较复杂，但教师研究视角的转换，也许有助于唤醒教师研究中不可或缺的发现意识。这时，教师“要成为一个陌生人——让自己成为返乡的陌生人。对日常生活采取陌生人的观点，意味着教师以探索、怀疑的眼光，来审视一个人所生活的教育世界……返乡者对于他的故乡会注意到前所未见的细节与形态”。

当教师以新的视角重新审视自己的教学生活，用批判、怀疑和探究的态度看待自己的问题时，就会发现，自己身处一个需要自己重新认识的世界。例如，即便是自己教过无数遍的教科书内容，也有值得质疑、商榷和改进的地方。

教师只要重新研究教科书，重新对课程资源进行重

组和整合，就会有新的发现。事实上，没有批判、怀疑和探究的眼光所带来的专业觉醒，教师就无法在机械、重复乃至平庸的教学生活中捡拾到有意义的珍珠。

■ 寻找来自“草根”的研究方法

对于中小学教师而言，专业、系统的研究方法既难以掌握又不适用。在教学中研究，研究方法必然与教学有着天然的联系。

经过多年的摸索与实践，教师会逐渐掌握一些适合自己的研究方法，如最常见的公开课研讨、论文写作、教育随笔、教育叙事和教育反思写作等。这些来自教师“草根实践”的研究方法，由于与日常教学实践联系紧密，且易于运用，因而具有极强的生长力，是教师“在教学中研究”的得力研究方法。

■ 重视自我感悟、自我研究与反思

教师工作的特点是“言传身教”“以德育德”。因此，在教学中研究，特别需要教师的自我感悟、自我研究与反思。自我感悟是教师对自己的教学生活的理性提炼，对教师的成长至关重要。

在实践中，不少教师对研究的意义认识不准确，忽视了自我感悟、自我研究与反思，因而容易在研究中失去自我反思的能力。

可以说，教师研究的最大特点是其研究紧贴教学实践，不仅研究的课题和素材来自教学实践，其研究也是为了教学实践，甚至一些研究的方法和途径也出自教学实践。

因此，教师的教学和研究是合二为一的，教师研究是一种“行动研究”。教师从事研究，必须高度重视和充分利用教学对研究的促进作用。对教学来说，研究是手段，研究服务于教学；而对学生的生命成长来说，教学又可以是手段。所以，在教师研究中，教学可以是但不仅仅是研究的手段，这时的教学应着眼于教师的专业发展和师生生命意义的挖掘。

——摘自《教师的幸福资本》 雷玲 编著

时代在呼唤！教师只有不断发展，才能跟上时代的要求。新课程呼唤广大中小学教师的专业化发展，而教师专业化的核心是“研究素养”。教师要发展，必须走教育科研之路。

4. 避免激发冲冠的法宝——真诚地对待每一个学生

真诚就是用真心，动真情，说真话，讲真理，办真事，做真人。它以无私为基础，以责任为支柱，能集中地反映爱的价值，是一种蕴涵着更深远的意义的爱。真诚，是获得学生信任的前提，是我们开展工作的根本。

下面是胡翠凤老师所写的一个教育案例：

我的班上有35名学生，在这个温暖的大家庭里，和这些孩子们一起学习、一起生活，使我仿佛也回到了童年时代，看着他们天真的笑脸与求知的眼神，我觉得我的使命是何等的重要，我在这个充满神圣的工作岗位上没有一丝的马虎，我要让我的学生永远对学习产生乐趣，要让他们不断地进步。赵超是我们班一个很例外的孩子。从一年级起就是一名让老师头疼的学生。他不爱学习，爱打架，是一个典型的“双差生(学习差、纪律差)”。面对这样一份履历，我心里直打鼓：批评起作用吗？谈心有效果吗？我能转变他吗？用什么办法来转变？短期内看来不会有大的转机。有了心理准备，我就逐步地进行教育。每隔一两天，我就以补课为理由找他聊天，给他讲学习方法，讲解难题，最重要的就是让他把心多用在学习上。开始，他对我并不信任，也不愿多谈自己的观点，更多的是在那儿坐着听我说，有时候有点心不在焉，甚至有点儿不屑一顾。许多次我自己都想放弃，但想想他的前途，又不甘放弃。时间就这样流逝，一个月过去了，他没有什么改变。

机会终于来了，学校要举行课间操评比，各班都在加紧练习。可正在这个时候，我班的体委生病住院了，同学们心急如焚。这时，我发现赵超对练操这件事非常热心，毛遂自荐当体委，组织我班学生训练。我终于发现了他身上的闪光点，并及时地对他提出表扬和鼓励。经过一周的练习，我班学生的做操水平有了很大提高，在校课间操比赛中一举夺魁，而此时，赵超的嗓子由于过度的劳累变得沙哑了。颁奖大会上，赵超被全班同学推选为代表，登台领奖。当他站在高高的领奖台上时，在场所有人的目光都投向他，他成为了这个操场上最亮的一颗星星。他笑了，因为这是他第一次扮演这样光荣的角色，这是他发自内心的自豪的微笑……这时的我心里一阵激动，作为班主任，必须有一双慧眼，善于发现每一个学生的闪光点。所以在班会课上我对赵超进行了表扬与鼓励。他在座位上坐得比平时上课还直、还认真。孩子都是需要鼓励的，我把他叫起来，问："赵超，你看，这次课间操比赛我们班取得了这么好的成绩与你的努力是分不开的，这足以证明你是个热爱班集体、不甘落后的孩子，老师也相信，在以后的学习和纪律中，你也会不断进取，不断严格要求自己，争取在这些方面也发挥出你的光芒来，好不好？"其实，这时候不用语言我就相信他一定能做到，因为他在全班同学面前很自信地点了一下头。"精诚所至，金石为开"，我的心思没有白费，我的付出有了回报，我坚信心与心是可以相通的。课后我又把他单独叫到我身边来，"我觉得我们只是需要时间来互相了解，学习成绩不是唯一的评价标准，每个人都有自己的优势，比如说你有很强的组织能力，而且特别热心，这都是你的优点，只要你今后改进学习方法，合理利用时间，从基础抓起，你的学习一定会取得进步的。"我趁机鼓励他。"老师，你对我有信心吗？""当然了，没有人天生比别人差，只要用心都会进步的。""谢谢您，老师。"我用自己的真诚与爱打动了一个人的心，也许改变的将是一个人一生的生命质量。我得出了人生的一条经验：用爱心可以换回爱心，用真诚可以呼唤真诚。

——摘自《如何做最好的班主任》魏书生 主编 略有改动

庄子说："不精不诚，不能动人。"真诚才能打开学生的心扉，搭起师生之间沟通的桥梁。

在工作中，我们可能都会遇到过这样的问题：不管你怎样苦口婆心，学生似乎总是不领情。为此我曾苦恼不已，可是后来两次"无心插柳柳成荫"的经历却让我恍然大悟、豁然开朗。

事情要从今年接班说起。开学后接的这个班，学生语文成绩整体较差，学习积极性不高，课堂上总是死气沉沉，我讲我的，他们干他们的。我想了许多办法，却无济于事。转机来自于一次跑操。

刚开学时天气还比较热，学生都不喜欢跑操，为了给他们点动力，我坚持每天跟他们一起跑。有一天，我上完课，没来得及换下高跟鞋，再加上天气热，我便想偷一回懒，不去跑操。这时，班里那个聪明有余、用功不足，却很有号召力的男生用调侃的口吻说："老师，今天如果您穿高跟鞋和我们跑完两圈，我敢保证以后上语文课再也没人睡觉了。""真的？"我反问。"大丈夫一言既出，驷马难追！""好！"简短的对话后，我便开始随他们一起跑操。"您不能落在队伍后面，要跟我们保持同样的速度。"他回头补充道。我点头，然后跟他一起并排跑。队列中传来窃窃私语和偷笑声，我却毫不在意。跑完一圈后，那个男生看着满脸汗水的我，说："老师，我只是跟您开个玩笑，您不必当真。别跑了，再跑鞋跟坏掉，脚会受不了的……"队列中其他学生也随声附和，劝我别跑了。我忍着脚疼，微笑着说："说到就要做到！"这其实是我鼓励自己的话，学生却听进去了，接下来的一圈大家跑得很整齐，口号也喊得格外响亮。

两圈跑完，顾不上跟他们理论谁输谁赢，虽然脚疼得厉害，但我还是坚持给他们上课。结果，我一迈上讲台，本来嘈杂吵闹的教室一下子安静下来，那个调侃的男生虽然仍带着往日满不在乎的笑容，却乖乖地坐在座位上，课桌上放着语文笔记本，其他学生也已做好上课准备，大家脸上少了平日的冷漠，多了几分敬佩。课堂上，他们听得很认真，回答问题很踊跃。第一次，学生和我配合得如此默契！这种和谐的氛围一直持续到现在，学生的语文成绩稳步上升。

第二件事其实也很偶然。一天晚上，一个经常迟到、从来不交作业的学生给我发了条短信："做一个诚信测试，围巾、帽子、手套、大盒巧克力、毛绒玩具、小熊、盆栽、水果、零食，你会送哪样东西给我做圣诞礼物？第一感觉。"我以为是学生在搞心理测试，随手就发了"手套"过去。接着他问我：想知道答案吗？我告诉他我想知道。没想到他回复我说，这是诚信测试。我这才明白，我掉进了他设计好的"陷阱"，既然我选了"手套"，如果我是一个诚信的老师，就应该买副手套作为圣诞礼物送给他。当时我也没当回事，只是当做一个玩笑，购物的时候恰好看到有卖手套的，就挑了一副送给他。那天晚上，他又给我发来一条短信："其实我只是跟您开玩笑的，我给很多人发过这条短信，但是真正买礼物送给我的，您是第一个。您很真诚，很值得我信赖，我知道我的表现让您很不满意，各方面都让您很失望，从今天起我会用我的实际行动改变您对我的看法！”从那以后，他不再迟到，上课不再吃东西，不再说话，不再顶撞老师。转变来得有些突然，却让我感动不已。看到我忙得来不及去食堂吃饭，他会买好饭送到办公室；看到我的手擦破了皮，他会拿芦荟胶给我……他的改变也带动了班里其他一些学生，为我管理班级带来了很多便利。

有道是“有意栽花花不发，无心插柳柳成荫”，我无意中的一点点真诚打动了全班学生，收获了很多本需要做很多工作才能培养出来的默契。这两件小事也让我明白，要让学生接受你的教育，先要让学生从心里接受你，而让他们接受你的方法很简单：用真诚对待学生并让他们感受到你的真诚。

——摘自《班主任》杂志2009年第1期《无心插柳之后》

作者：山东省威海一中 丛叔卿

只要我们是善意地、真诚地、真正地热爱每一个学生，关心每一个学生，学生完全能接受你的批评和意见。

只要我们能真诚地对待学生，为学生着想，为学生的现在、未来着想，为学生的思想、心理、道德、学习、生活着想，换来的也一定是学生们真诚的回报，有什么能比心与心的交流更打动人呢？

有了学生们这种真诚的回报，你会感觉课也好教了，班也好管了；有了学生们这种真诚的回报，你会感觉工作中的麻烦越来越少了，轻松愉悦越来越多了。

5. 享受教育幸福的资本——走进学生的心灵深处

有位教育家说教师应具备进入学生心灵世界的本领，不是站在这个世界的对面发牢骚、叹息，而应该在这心灵世界中耕耘、播种、培育、采摘、流连忘返。的确，如果我们能够走进学生的心灵世界，那我们就能时常感觉到教师的幸福与快乐。

那一年，学校规定女生不得烫发，男生一律理平头，并决定把这项工作开展得最好的班级作为“市级优秀班集体”推荐对象，班主任作为“市级优秀班主任”推荐对象。

我对工作一直都很认真，并且正好下一年就要晋级，如果能评上“市级优秀班主任”，晋级应该说是八九不离十了。可是我却遇到一个难题：班里有一名叫小猛的男生坚持留长发，任凭我怎样做工作他都不理会。

一开始，我并没有意识到他会那么固执。因为这个孩子成绩中等，平时并不“刁顽”，只是有些内向而已。

我先是找他单独谈话，问他为什么不能按照学校的要求理发，是没有理发的钱吗？他回答说不是。我再问，他就不再做声了。我苦口婆心地给他讲蓄长发的种种坏处，剪短发对我们班的重要意义……他一直一声不吭。甚至我发了火，动手推搡了他几把，他都面无表情、一言不发。无奈之下，我只好让他继续上课，不过限他三天之内把头发理短。

三天过去了，他的头发依然那么长。我沉不住气了，决定到他家家访，争取家长的支持。

到了他家，我说明来意。小猛的爸爸没等我说完就要拉着他去理发，可是小猛却一动不动。小猛的爸爸火了，给了他一耳光，连拉带抱地把他扯到自行车后座上了。这时候，小猛“哇”地哭出了声，边抽泣边说出了自己不愿理发的原因。

原来，他在一本杂志上读到“河南有一位女中学生因为白血病放疗掉光了头发，很伤心苦恼，而家里又因为给她治病穷得连一套假发都买不起”，就想把自己的头发留长些，然后再剪下来寄给她。他从房间里拿出那本杂志，在那篇报道的页面空白处写着他通过与杂志社联系而得到的白血病女孩的地址。

在学生面前，我一直以师者自居，以居高临下的姿态看他们，总感觉他们只是一群内心单纯、思想简单的孩子，教给他们知识、提高他们的道德修养是我应尽的责任。而从那一刻起，我才真正意识到，孩子们内心的一些想法因为单纯而显得无比的高尚，在他们面前，我们每一个心理负累过重的成人，都只能以学生的身份用心倾听。

——摘自《班主任》杂志2010年第7期《长发男孩教育了我》

作者：河南省息县夏庄中学 杨家厚

每件事情的发生都有它发生的原因。对我们来说，全然的了解就是全然的宽恕。对我们来说，要想走进学生的心灵深处，就要做一名有爱心的老师。

学生是人，是一个多样化的人，他们的生活、学习、情感是多样的，这就要求教师用爱心去化解学生的矛盾与痛苦，在他们最需要的时候去爱他们。作为教师，要全身心投入到教育事业中，促进孩子们的能力发展，使其快乐而健康地成长。那么我们就会感到快乐而有意义，就会成为一名幸福的教师。

2008年，教育部和中国教科文卫体工会全国委员会联合颁发了《中小学教师职业道德规范(2008年修订)》，对教师的职业行为提出了明确要求。如关心爱护全体学生，尊重学生人格，平等公正对待学生；不讽刺、挖苦、歧视学生。这是社会对教师职业提出的要求，也道出了教师职业的特殊性：爱是教育的基础，爱心是教师做好教育教学工作的重要条件。

德国教育家斯普朗格曾说，教育的核心是人格心灵的唤醒。当老师，固然要拥有活的知识，谙熟新的教法，但对学生来说，更重要的是“富有童心和母爱”。一个没有爱心、不懂得尊重学生的教师，又如何赢得学生的尊重?

“假如我是孩子，假如是我的孩子”，这句话道出了一个教师是如何用真诚的爱去理解、宽容、尊重和关心每一个孩子的。如果我们以“假如我是学生”的情感去体会孩子的内心世界，以童心去理解他们的“荒唐”，宽容他们的“过失”，有礼貌地对待他们，让他们时时体验到一种高于母爱、超越友情的师生情，那么，就算他们犯了错，这也会成为学生改正错误的内在驱动力。

苏霍姆林斯基曾经有一个很精彩的比喻，他说："教师要像对待荷叶上的露珠一样，小心翼翼地保护学生的心灵。晶莹透亮的露珠是美丽可爱的，却是十分脆弱的，一不小心，露珠滚落，就会破碎，不复存在，学生的稚嫩的心灵就如同露珠，需要加倍爱护，这种呵护就是爱。"

然而，近年来教师体罚学生的事件屡屡发生：广东一所民办学校的两位女教师，一个因为掌掴学生，一个因为用教鞭抽打学生，被学生私底下称为"巴掌老师"和"教鞭老师"。老师体罚学生的情形被部分学生用手机偷拍下来，在一次课堂上，这位"教鞭老师"创下3分钟抽打15名学生的"纪录"。

学生不听话、教师工作压力大等因素，固然可以成为一些教师严罚学生的借口。然而，痛心疾首之余，教师是否应该多一些反思：怎样才能做一个有爱心的好教师？

■ 我是否真心关爱学生？

学校就像一个大家庭，教师要把爱倾注给每一个学生，视学生为亲人，用爱的温暖去感化他们。当学生在生理、心理、学习、生活上遇到种种困惑时，当老师的你是否及时关注？学生生病了，当老师的你是否问长问短，给予他们无微不至的关怀？在学校这个大家庭里，教师只有用真诚的爱心，才能换取学生真心的信任和尊敬。

■ 我是否真诚地对待学生？

教育是心心相印的活动。人格只能用人格去铸造，情感只能以情感去感染，爱学生必须善于走进学生的情感世界，而要走进学生的情感世界，首先必须把自己当做学生的朋友，去感受他们的喜怒哀乐。深知学生们的心，就可以赢得教育引导的主动权，同时也可以赢得学生对老师的尊重。作为一名教师，你是否在每件事情上都真诚地对待你的学生？如果我们每名教师都对学生充满真挚的情感，无疑会使学生接近我们并乐于接受我们的教育。

这种真诚的爱心教育，不仅能激发学生的学习兴趣，还能将学生培养成一个充满爱心的人，爱他人、爱社会、爱祖国……

■ 我是否对学生有强烈的责任心？

教师的责任在于对教育事业负责，对教学工作负责，对学生负责。你是不是总抱怨、指责、训斥学生？是不是容易歧视学习有困难的学生？是不是总对自己的工作失误找各种客观理由？是不是对学生的缺点过多指责，不能谅解？

一名教师如果经常反思这些问题，就会对学生多一些理解和宽容，少一些冷漠和狭隘，在力所能及的情况下，从物质或精神上给学习或生活尚有困难的学生一些帮助。

以爱为基础，善待每一个学生，宽容学生的过错，放大学生的优点，正是教师的魅力所在。教师的爱心，并不都需要壮举的一刹那的炫目来表现，教师的爱心更应该寓于日常生活的一举一动中。

教师的爱心是一种特殊的财富，它不会因为付出而减少，相反，它像源源不断的泉水，因为流淌而更加清澈、充盈。送人玫瑰，手有余香；给予别人的生命一点绿色，自己的生命也更具活力。

教师的爱心是课堂上一个甜美的微笑，是学生答对问题时一句肯定的话语，是鼓励学生时一个暗示的眼神，是学生生病时递去的一杯水和一片药，是学生需要帮助时一个安抚的动作，是学生犯错误时严厉的批评，是辅导学生时的耐心，是解读学生时的真诚，是尊重学生时的理解，是甘为人梯的奉献，是俯首耕耘的无私……

——摘自《教师的幸福资本》 雷玲 主编

学生是人，一个多样化的人，他们的生活、学习、情感是多样的，这就要求教师用真心去发现学生的需求，用爱心为学生们支撑起一片蔚蓝的天空，让他们伴随着丰富而快乐的情感来体验学习的过程，让他们把老师的真心与爱心化作无穷的动力。

由此，我想起了我在《班主任》杂志2010年第7期上看到的甘肃省酒泉中学张团国老师写的一篇文章，题目是:《批评学生别说“又”》。很有感触，在此，愿与大家一起分享。

班上有个学生经常迟到，很让我头疼，多次批评他成效却不大。后来，他很坦诚地告诉我：“我知道迟到不好，可是您经常对我说‘你怎么又迟到了’。在您眼里，我已经成了‘迟到’的代名词，所以我就自暴自弃，不打算改了。”原来如此！想不到简单的一句话给学生带来如此大的伤害！我随即向他保证再也不说这句话，他也保证今后再不迟到了。当然，后来他还会迟到，但频率已大大降低。

“你怎么又迟到了”这句话之所以伤害学生，关键在这个“又”字上。

“又”是一种思维定式。人一旦形成了思维定式，就会习惯性地顺着定式的思维思考问题，不愿也不会转个方向、换个角度。我对这个学生批评多次却不见成效，就是因为有了思维定式，预先认定他“经常迟到，不肯悔改”，结果无法解决问题。后来不再说“又”，就打破了这种思维定式，所以取得了一定的成效。

“又”是一种情绪反映。学生多次迟到，既干扰了正常的教学秩序，又影响了班级量化考核。作为班主任，不可能对此无动于衷。一个“又”字，体现的是气愤、无奈、失望、恨铁不成钢，但是将这种情绪带给学生，却会让学生感到无助甚至绝望。学校是教书育人的地方，学生会不断犯这样或那样的错误。教育法规虽然赋予老师批评教育学生的权利，但带着情绪批评学生往往会激化矛盾，不利于教育工作的开展。

“又”是一次反思契机。作为教师，不仅要在行动上做学生的表率，还要不断陶冶自己的情操，锤炼自己的语言，不说伤害学生的话。我要感谢这个迟到的学生，因为他让我明白了批评学生时应该说什么、不应该说什么。在日常生活中，这样的例子还有很多。我们要善于发现自己的不足，认真进行反思和改进，才能切实提高自己的教育教学水平。

教师真的是一个很神圣的职业，在学生成长的过程中，我们教师对学生的影响是巨大的。我们随意说出的一句话就可能对学生造成很大的影响。孩子们的天堂虽然美丽，但那却是易碎的水晶，需要我们教师来保护。我们教师无意间所说的话可能会一不小心就关上了一扇天堂的大门。所以，作为一名教师，我们要时刻关注学生的内心世界，帮助他们实现自己的人生价值；要让生命的相遇充满惊喜，让神圣的课堂充满智慧。为此，我们要做一名有品位的老师。

一名有品位的教师，闪烁着人性善良的光辉，具有良好的生活习惯和修养，在任何方面都表现出自己是一个既有修养又有着温和而优雅性格的人，礼貌而懂得关心照顾别人。如果有了这高雅的品位，就会使自己的教育教学洋溢着风采，充满着生机。

一位在大学教“教师的品位”课程的教授曾这样阐述“怎样做一个有品位的教师”：在步入中年之时还保持着极其年轻的教育生命。

一名有品位的教师，一定是一个具有理性精神、善解人意、具有良好生活习惯和修养、在生活细节各方面都表现出良好教养的人，是一个气质优雅、兴趣高雅、心胸豁达、幽默风趣的人。

有品位的教师，其教育教学洋溢着风采，充满着生机。那么，教师的品位是从哪里来的呢？

■ 气质优雅

气质不是与生俱来的，而是后天培养出来的。研究表明，风度仪表是一个人气质性格、文化素养、审美观念综合的外部表现，是人的心灵的表露。

教师优雅的风度、高雅的气质、风趣的语言、整洁的衣着、端庄的外表、和谐的动作表情、工整干净的板书、活泼开朗的性格以及谦逊宽容的态度，对学生的心灵有很大的影响。通常情况下，教态优美的教师，培养出来的学生也会温文尔雅、彬彬有礼。

■ 兴趣高雅

人与人最大的不同在于八小时以外的时间在做什么。读书应成为教师的第一大兴趣，“腹有诗书气自华”，教师只有多看书、多思考，才能聪慧、有修养、有品位。

■ 心胸豁达

心胸开朗、豁然大度、尊重人、理解人的教师最能获得学生的爱戴和社会的尊重。这样真挚、博爱、慈善、宽容的教师，一定是有品位的教师。

其实，在现实中很少有哪位教师真正把学生当成自己的孩子，但是，几乎所有的学生都曾把老师当做自己最亲的人，哪怕只能在老师身上感受到一点点关怀和呵护，学生也会信任和感激这位教师。一位教师，如果能以爱的情怀去教育学生，能以海的博大去宽容学生，这本身就是一种巨大的教育力量。

■ 幽默风趣

英国学者M.鲍门在《幽默教学：一门表演的艺术》一文中指出：

“理想的教师应当达到艺术化的教学水平，善于利用幽默来激发学生兴趣，使学生学得更好。”著名学者海特也曾说过：“幽默是一个好教师最优秀的品质之一。”

在现实中我们会惊奇地发现，一位有幽默感的教师往往能成就一批有幽默感的学生。如果教师在课堂上多一些幽默的语言而非一味地说服教育，就会收到意想不到的效果。教师的幽默，可以激发学生的学习兴趣、求知欲；可以开启学生的心智，活跃思维；可以活跃课堂气氛，调节情绪，愉悦精神；可以和谐师生关系，增强教师魅力……教师的幽默犹如一根神奇的魔棒，在教育教学中点化顽童的智慧，洞开知识的大门。

——摘自《教师的幸福资本》 雷玲 主编

苏霍姆林斯基说，只有当我们走进学生的心灵，走进他们的精神世界时，学生才有可能对我们敞开心扉，诉说他们的心里话。对我们来说，如果我们能够成为学生们心灵的朋友，他们就可以根据具体情况因势利导，只有这样才能收到良好的教育效果。

6. 教育是一项伟大的事业——在平凡中寻找属于自己的伟大

在浩瀚的星空中，月亮无疑是伟大的，但月亮只有一个。可是，你注视过夜空中的星星吗？正是一颗颗也许并不起眼的小星星，才点缀了美丽斑斓的夜空。既然月亮只有一个，就不妨做一颗星星吧。同样也能为夜空奉献一份独特的美丽。

对于亿万人中的大多数来说，我们只是芸芸众生中的一员，平凡而平静地度过生命中的每一天。但是，我们却要在平凡的土地上播下尊严与责任的种子，默默地奉献自己，默默地改造环境，默默地让生活充满友爱和信赖。所以，平凡并不可怕，我们应该学会在平凡中寻找属于自己的伟大。

所有优秀教师的成功，都来自长期、扎实的教育实践。被瑶胞称为“圣女”的全国模范教师盘振玉，16岁就走上讲台，在艰苦的瑶乡一教就是二十多年，她不但要用双语(汉语普通话和瑶语)教复式班，还要为学生做饭、洗衣服等等。她教的班不但没有失学儿童，而且教学成绩一直在全乡名列前茅。

西南大学教育学院教授龚春燕，十几年来做过大量的调查，阅读了上千万字的著作，分析了数万个学习个案，统计分析了无数的数据，得出一个结论：要提高学习效率，就必须从理论和实践上研究学习的动力，而创新是学习最重要的动力源泉。仅从龚春燕教授“分析了数万个学习个案”，就可以看出他下了多大的工夫。

苦中能有乐。优秀教师和其他所有教师一样，都承担着艰苦、繁重的工作任务，不同的是他们能够做到苦中有乐。他们累但快乐着，并体验着一种神圣的幸福感。

特级教师、北京教育科学研究院基础教育教学研究中心小学数学教研室主任吴正宪说：“我一上讲台，就融入了学生的世界，全身心地投入数学教学之中，把其他的一切都忘记了。只有教数学的人被数学的魅力打动了，学习数学的人才能被数学深深吸引。”

青年优秀教师蒋军晶说：“我不但没有教师的职业倦

怠感，而且我目前还把这种工作的幸福状态延伸到生活当中。我和几个年轻的朋友组织了一个民间教学研究工作室——五汉工作室。”

——摘自《教师的幸福资本》 雷玲 主编

在我们身边，就有这样一些人：他们怀揣着教育的理想，默默无闻地在自己的工作岗位上坚忍不拔地努力着，为教育事业作着自己应有的贡献。他们就像是那上等的好茶，和而不淡；他们就像是那高山的名木，实而无华；他们在这样一个日益繁华而浮躁的时代里，成为教育界一道爽心悦目的风景线。

全国优秀班主任王立华，是山东省2006年度“教育创新人物”，《中国教育报·读书周刊》2006年度“十大推动读书人物”。工作不到十年，他买了37000元的专业书籍，写了800多万字的教育日记。近几年出版的著作有《回归生命——一位班主任的生命教育实践》《自主管理：创新教育的制度建构》(合著)等，在《中国教育报》等报刊发表《打动生命：让学校成为吸引人的地方》《自主教育：个体发展的最佳选择》等八十多万字教育教学论文。

深圳育才中学的陈晓华是深圳市首批名师，广东省中青年骨干教师。1984年大学毕业直至今天，几乎一直担任班主任，并担任两个班的语文课，而且由于工作出色经常要带高三毕业班。陈老师在网络上异常活跃，坚持撰写系列帖子。在全国教育教学报刊上发表文章近百篇。出版了《守望高三的日子》《追寻教育的诗意》《怀揣着希望上路》。

郑州市名师李迪是《班主任之友》《教育在线·李镇西之家》的版主，已经撰写100多万字的教育笔记、教育日记、出版总题为《李迪文集》的四本书，第五本书《教育就是这样有滋有味》即将出版，她坚持每天读书一万字，写教育随笔教育日记不少于一千字。

湖南的郑学志，从1994年参加工作以来，先后出版了“非常作文”系列、《班主任工作招招鲜》《爱的建议》《班主任工作新视角》等二十多部教育教学专著，湖南卫视、《中国图书商报》《教师报》《潇湘晨报》等十余家新闻媒体报道过他的教育事迹。

教师的一生不一定要干成什么惊天动地的伟业，但它应当如百合，展开是一朵花，凝集成一枚果；它应当如星辰，远望像一盏灯，近看是一团火。这就是教师的伟大之处。

在不久前召开的“构建小学‘新思维数学’教学体系——浙江省特级教师张天孝小学数学教学改革50年”课题鉴定会上，张天孝老师半个世纪钟情于小学数学事业的精神深深地感动了所有与会的专家和领导。来自北京的特级教师顾汝佐感慨地说：“50年锲而不舍于教学改革，在中国小学数学界找不出第二人，这种精神太难得了。”

写张天孝老师是件挺难的事情。一则他的个人经历实在丰富：几十年间，他几乎对全部小学数学教学领域都做了研究和改进；二来，他的言语实在朴实：用现在的话说，就是实在不会包装自己。记者记下了一些对于他的印象。

……

1984年8月，已先后在小学计算教学、应用题教学和数学能力培养方面展开过深入研究和长期实验，积累了大量素材与心得的张天孝老师开始参与“现代小学数学”的实验工作。从此，现代小学数学就成了他人生的“重中之重”。二十余年来，他孜孜以求，乐在其中。

“我想写一套能让孩子学了更聪明的教材。”朴实的一句话，珍藏着多大一个心愿！张天孝为此付出了大半辈子的汗水与心血。

在张天孝的脑海里，枯燥的教学法则是一幅幅生动美丽的图画，“要从学生的认识和发展特点出发”。按照这条新思路，“我们的新教材要用对立统一的观点来揭示数学知识的辩证关系及其真实内涵，数学要变得更加简练，有味道！”赶在新学期开学的第一天，“现代小学数学”实验试用教材第一册书稿完成。经过一个学期的试用，一个人十天写成的教材赢得了四所实验学校八个实验班级全部师生的一致喜爱。张天孝一炮而红。一年后，作为《现代小学数学》教材的副主编，张天孝欣然承担了全套教材、教学参考资料、学生课外辅导读物以及大部分练习册的编写工作。

他给自己制订了严格的行动计划：上午，听课，调查，收集一线资料；下午，去各大图书馆、大学查阅资料，请教专家；晚上，夜深人静，细品一日之收获。一千多个日日夜夜，张天孝日日访查，夜夜写作，其工作投入之大，研究之深之细，非亲历者难以想象。“《现代小学数学》册教材1册至12册，先后经历了试用本、修订本、实验本三次大的修改，每种版本我都写了三稿：征求意见稿、教学实验稿和出版发排稿，手写的。”先生打开书橱——整整齐齐码着一橱的大部头。如果说在前一个十天里，我们看到的是一个才华横溢、激情迸发的张天孝，那么眼前这36册二百多万字的手稿，向我们展示的则是他对于工作深沉的爱。

进入新世纪，几经实验、修订的《现代小学数学》已遍地开花。全国24个省市以及港澳1000多所学校的近百万学生选用了这套教材。面对全国中小学教材审查委员会的高度认可，张天孝却未雨绸缪：“面对今日数量庞杂而更新频繁的信息，孩子们要善于抓住本质，创造性地提出问题、解决问题，就应当更自主、更自信。”于是，64岁的他，带领着一个年轻的团队又开始了新一轮教材的编写。

“我们的新教材采用主题介入来组织内容。”说着，张天孝向我们展示了一幅童趣盎然的主题图：“这幅图是小朋友熟悉的上学情景，但它却有着丰富的数学内涵，小朋友通过观察、交流，从不同角度提出各种问题：大象坐船船会沉吗？长颈鹿脖子那么长，能通过山洞吗……”参加这样的学习，能不快乐吗？这种贴近生活的主题，是为了引发学生的问题意识，其思考实质是数学的。生活中有大量的问题情境，学生学习数学，就是去发掘这样的机会，创造性地把数学模型应用到现实中去……”

从2003年启动到今天，不到三年的时间，这位惯与时间赛跑的人，在年近耄耋之际，又刷新了一个纪录：他出版了一生中的第五套《现代小学数学》。这一套《现代小学数学新数学读本》，日前已在杭州市上城区投入试验，外省市亦有部分学校自愿参与其中，反响热烈。

一个人，二十多年的光阴，五套教材，五百多万字手稿。大到一部教材的体系，小到教材里的一道题、一幅图，张天孝都亲力亲为，那需要怎样的一种坚持啊！在计划赶不上变化的今天，确实有人“短、平、快”地成功了，而张天孝却一生坚守着一个理想，执著于寓绚烂于平淡、要速度更要厚度的人生态度。

……

张天孝工作五十余年，收获过无数的鲜花和掌声，但这些永远都只是他的一种经历。旁人还在羡慕他这一段风景的时候，他早已经翻过了另一座山头。超然物外，实心做事，桃李不言，下自成蹊。

一个人，一辈子，一件事，张天孝和他率领的研究团队已走过了五十年的历程。这个团队从20世纪50年代到21世纪初，每一项研究成果在不同的历史时期都具有国内领先水平；研究成果在内地产生了很大影响，并辐射到港澳地区；这一团队历久不衰，形成了教育研究的基地，是我国数学教育研究中的一支优秀队伍。

——摘自《中国教育报》 作者：陈敏 朱振岳略有改动

对我们来说，在实际工作中，我们要尽心尽力、尽职尽责，在平凡中寻找属于自己的伟大。

课后感言

一种工作，你没有经历过就不知其中的艰辛；一种艰辛，你没有体会过就不知其中的快乐。我们这些当老师的熔铸的是理想，燃烧的是激情；领悟的是哲理，培育的是雄心；激发的是热火，喷涌的是青春；沸腾的是热情，震撼的是心灵；凝聚的是智慧，腾飞的是生命；荟萃的是精英，涌动的是爱心；收获的是享受，担负的是使命；创造的是奇迹，点燃的是火种。我们在辛勤付出的同时收获的是幸福。

……

教师的敬业精神是社会上任何一个行业所无法比拟的。多少年来，我们已经习惯了，像蜡烛一样燃烧自己，照亮学生，而且是那么心甘情愿。与其用理想化的标准来苛求教师达到应有的道德高度，不如把教师从虚幻的神坛上拉下来，让这些不堪重负的园丁们恢复他们的本来面目。我们的教育应该摒弃那些非人性的东西。教育应该是快乐的，作为一名教育工作者，我们在给社会带来快乐的同时也应该给自己和家庭带来快乐。

……

任何工作都是有规律可循的。我们当老师的不能像上好了发条的钟表一样不停地来回摆动和忙碌。而是要逐步摸索和探讨，从纷繁复杂的事务中得以解脱。这样，我们的工作就会别开生面，别具一格了。

……

教育是一项长期的工作。无论何时何地，无论遇到什么情况，应该热情对待每一个孩子，我们不但要担负起传道、授业、解惑的重任，还要用爱心去浇灌每一株幼苗，把他们培育成参天大树，为师者的那份幸福，来自于对教育的爱和对生命的追求与憧憬。只有付出爱，才能得到爱。把爱传递到学生心中。而回馈给教师的，将是享之不尽的快乐心情。

……

真诚，是获得学生信任的前提，是我们开展工作的根本。教师的任务不仅是教知识、讲道理，更是为促使学生成才成人而创造条件。要赢得学生的信任必须坚持一个“信”字，以诚待人，以诚取信；鼓励学生，以一颗真诚的心对待学生。真诚才能打开学生的心扉，搭起师生之间沟通的桥梁。只要我们能真诚地对待学生，换来的也一定是学生们真诚的回报，有了学生们这种真诚的回报，你会感觉课也好教了，班也好管了；有了学生们这种真诚的回报，你会感觉工作中的麻烦越来越少了，轻松愉悦越来越多了。

……

教师不是站在这个世界的对面发牢骚、叹息，而应该在这心灵世界中耕耘、播种、培育、采摘、流连忘返。如果我们能够走进学生的心灵世界，那我们就能时常感觉到教师的幸福与快乐。

……

对于亿万人中的大多数来说，我们只是芸芸众生中的一员，平凡而平静地度过生命中的每一天。但是，我们却要在平凡的土地上播下尊严与责任的种子，默默地奉献自己，默默地改造环境，默默地让生活充满友爱和信赖。所以，平凡并不可怕，我们应该学会在平凡中寻找属于自己的伟大。

参考文献

1.钱理群. 做教师真难，真好. 上海:华东师范大学出版社，2009.

2.韩玲 王晗. 班主任专业成长的八堂必修课. 天津:天津教育出版社，2012.

3.李林英 杨红英. 给教师的健康书. 北京:北京理工大学出版社，2008.

4.杨斌. 教师职业幸福的秘密. 上海:华东师范大学出版社，2012.

5.张万祥. 优秀教师教育名言. 天津:天津教育出版社，2008.

6.陈爱苾. 师德与教师职业生成. 北京:首都师范大学出版社，2006.

7.张万祥. 一句话改变人生. 南京:江苏教育出版社，2009.

8.雷玲. 教师的幸福资本. 上海:华东师范大学出版社，2011.

9.方方. 教师心理健康研究. 北京:人民教育出版社，2003.

10.杨怀志. 转换视角看孩子. 班主任，2010(7).

11.伏军. 被“毁容”的优秀班主任. 班主任，2010(10).

12.张金玲. 发现身边的幸福. 班主任，2009(7).

13.李云. 永远的高三（1）班. 班主任，2009（8）.

14.丛叔卿. 无心插柳之后. 班主任，2009(1).

15.杨家厚. 长发男孩教育了我. 班主任，2010(7).

16.张团国. 批评学生别说“又”. 班主任，2010(7).

17.李镇西. 幸福比优秀更重要. 教育科学论坛，2011(10).

18.魏书生. 如何做最好的班主任. 南京:南京大学出版社，2009.

19.王义堂 田保军 王硕旺. 新课程理念与教学策略. 北京：中国言实出版社，2003.

20.韩玲 李德成. 我的班级管理之道. 北京:华文出版社，2005.

后 记

由于中国社会目前正处于转型时期，恢弘的社会改革和文化变革所引起的各种价值观念的相互冲撞，在原本相对平静的校园里掀起了阵阵波澜。与此同时，教育领域也正在发生广泛而深刻的变化，教育制度的改革、教育机制的创新、教育岗位的竞争、新知识和新技术的引进等，这一切就使得我们的老师无论是在知识经验还是在教学能力上以及在心理素质上都面临着巨大的压力。尽管中国社会向来把老师看做“传道、授业、解惑”的强势人群，但教师也是社会公众的一分子，也是有七情六欲的普通人，面对种种压力，如果调适不当，就有可能产生不正常的心态。

调研结果表明，对于现在的老师来说，教育教学的方式和方法已经不成问题，成问题的是老师们的心态。

如何解决老师们的心态问题?

如何让我们的老师能够拥有一颗平常心善待自己?

如何让我们的老师能够拥有一颗宽容心对待他人?

如何让我们的老师能够拥有一颗进取心对待事业?

如何让我们的老师能够拥有一颗愉悦心拥抱生活?

这就是本书的立意和写作的最终目的。

真心希望《教师克服职业倦怠的六堂必修课》一书，能够为广大中小学教师提供一定的帮助：让我们的老师能够开阔视野，抒发独特的教育情怀，建立豁达积极的工作态度；让我们的老师能够心情舒畅地工作，心甘情愿地把该做的事情做好，心平气和地处理好各种矛盾，心存高远地规划专业发展，心存善意地对待学生的言行，过一种幸福完整的教育生活，那将是我最高兴的事情。

你们的朋友　韩玲

2012年于北京